Economici di Qualità
197

**L'autrice**

Giulia Settimo, giornalista e scrittrice milanese, ha lavorato per oltre vent'anni come consulente ed esperta di ricerche di mercato, collaborando con importanti testate del settore economia, marketing e distribuzione. Presso red! ha pubblicato diversi libri, tra cui *50 e più felici e in forma*, *Pet therapy*, *Voglio un amico a 4 zampe*, *Piccoli ambientalisti crescono* e *Il nostro bambino dalla nascita ai 3 anni* (con Gianfranco Trapani).

Potete contattare l'autrice scrivendole all'indirizzo:
minventounlavoro@rededizioni.it


Coordinamento editoriale: Diletta D'Amelio
Impaginazione: Elena Turconi
Stampa: LEGO Spa, Lavis (TN)
www. rededizioni.it

red! è un marchio Il Castello Srl
Via Milano 73/75 - 20010 Cornaredo (MI)
Tel. 02 99762433 - Fax 02 99762445
www.ilcastellogroup.it

Giulia Settimo

# M'invento un lavoro...

red!

*In un momento come quello attuale, in cui sembrano prevalere pessimismo e rassegnazione, raccogliere il materiale per scrivere questo libro è stata un'esperienza davvero straordinaria, per non dire entusiasmante. Ho trovato talento e creatività, metodo e tenacia. Ho incontrato persone - giovani e meno giovani - intraprendenti, coraggiose, a volte perfino un po' visionarie, che si sono inventate tanti lavori diversi. Qualcuno ha trovato un modo nuovo per fare cose tradizionali, come realizzare (su richiesta di genitori e nonni) giocattoli di legno che riproducono nei minimi particolari i disegni fatti dai bambini, oppure offrire un servizio di personal trainer a domicilio alle neomamme che vogliono tornare in forma dopo il parto, o ancora scrivere favole su commissione per chi in questo modo vuole dire qualche cosa di speciale a una persona cara. Altri sono partiti da un'idea già realizzata e, rielaborandola in modo originale, hanno inventato il fast food della polenta, il Segway per disabili, i documentari audio per non vedenti, la lavanderia con internet point. A volte l'intuizione è stata quella di interpretare, in chiave italiana e con intelligenza, esperienze già avviate in altri Paesi, come hanno fatto, per esempio, Edoardo Scarpellini, ideatore di Milano Card, la carta turistica per viaggiare sui mezzi pubblici milanesi, entrare nei musei, godere di sconti e agevolazioni, perfino prenotare il ristorante, o Mauro Bertolotto, l'importatore di mountain bike americane di alta gamma, che nel 1999 ha organizzato la prima '24h of Finale', contribuendo a trasformare in poco più di un decennio questa cittadina nella capitale indiscussa degli sport outdoor.*

*All'inizio non è sempre tutto rose e fiori: gli incidenti di percorso (errori di valutazione, difficoltà impreviste, spese fuori programma, soci sbagliati o disonesti...) sono frequenti. Ma qui entra in gioco la tenacia, la capacità di non lasciarsi scoraggiare e di continuare a credere in ciò che si è intrapreso, apportando, se necessario, le dovute correzioni al piano iniziale.*
*A tutte le persone che mi hanno raccontato la loro storia, l'idea da cui sono partiti per inventarsi un lavoro, i sogni che hanno realizzato da soli, con gli amici o con la famiglia, vanno il mio grazie di cuore e l'augurio di un futuro ricco di soddisfazioni (più che meritate!).*

**Nota.** Molte delle imprese di cui racconto la storia sono nate nei dintorni di Milano o nel Ponente Ligure: è solo perché conosco queste realtà meglio di altre, ma so che se ne possono trovare migliaia, in ogni parte d'Italia.

# Introduzione

*Negli ultimi vent'anni il mondo del lavoro è cambiato radicalmente. Da un lato molti giovani non riescono a trovare un'occupazione ragionevolmente stabile prima dei 30-35 anni, dall'altra già a 45 anni (e perfino a 40) tanti lavoratori si sentono minacciati dal pericolo di essere considerati 'troppo vecchi'. Viviamo ormai nell'era della precarietà, del passaggio dal posto fisso, dipendente, prevalentemente esecutivo, al lavoro autonomo e microimprenditoriale. Che si stia cercando una prima occupazione, che si sia perso l'impiego o si preveda di poterlo perdere entro breve tempo, che si abbia magari solo la necessità di integrare il bilancio familiare con un'entrata in più, o che si voglia invece cambiare radicalmente e ricominciare daccapo, trovare una soluzione non sarà facile, ma è comunque possibile, come dimostrano le numerose e svariatissime esperienze di chi ci è riuscito. Le possibili forme di lavoro si sono moltiplicate, così come gli atteggiamenti, le aspirazioni e le motivazioni delle persone. La professionalità oggi non è più solo attitudine a eseguire bene i compiti affidati da altri, ma piuttosto coinvolgimento, responsabilità, flessibilità, adattabilità, capacità di individuare e risolvere problemi, di affrontare i rischi del nuovo, di coniugare radici locali e orizzonti globali, in un mondo che diventa sempre più piccolo e complesso.*

I settori più promettenti? Oltre alle nuove tecnologie, tutte le attività legate a turismo, sport, cultura e tempo libero, l'alimentazione di qualità, il commercio e l'artigianato, i lavori 'verdi'...

Bisogna dunque attrezzarsi per far fronte al nuovo scenario, allenarsi a cambiare mentalità, partendo dalle proprie inclinazioni personali, per riuscire a cambiare mansioni, cambiare azienda (magari anche città), progettare nuove attività. Attribuire solo al mondo esterno la causa delle proprie insicurezze è un atteggiamento che può rivelarsi controproducente e pericoloso, perché porta alla sottostima di sé, a una sensazione di totale impotenza. Alibi e lamenti spingono a temporeggiare, non certo a costruire il proprio futuro. Lasciarsi condizionare dal pessimismo collettivo indebolisce pensieri, atteggiamenti e azioni. Una posizione aperta al cambiamento crea invece una spinta propulsiva, che si trasforma in energia positiva e aiuta a trovare le soluzioni, magari anche un migliore equilibrio tra il lavoro e la vita.

Ormai è inevitabile riuscire a passare dal concetto rigido di occupazione al concetto dinamico e mobile di 'occupabilità', cioè della possibilità di trovare un lavoro. Un esempio? Mentre i giovani conseguono titoli di studio troppo spesso generici, le attività tecniche e manuali vengono svolte per lo più dagli immigrati. Come risolvere allora il problema della disoccupazione giovanile? «Dicendo addio al titolo di studio come status symbol - afferma Giuseppe De Rita, sociologo e fondatore dell'istituto di ricerca socioeconomica Censis - e tornando ai lavori manuali».

Purtroppo nei decenni passati intorno al lavoro manuale si è formato un alone di 'disprezzo' culturale e sociale, assolutamente immotivato. Un errore gravissimo, che rischia di causare la perdita di 400.000 posti di lavoro e, soprattutto, di un prezioso patrimonio di know how, difficilmente recuperabile. Proprio per questo i percorsi formativi di tipo professionale/tecnico/artistico non andrebbero sottovalutati, ma tenuti invece nella giusta considerazione.

### PolentOne, l'idea vincente di Marco

Un fast food dedicato esclusivamente alla polenta, il cibo simbolo della cucina rustica e popolare, che ha sfamato intere generazioni di contadini. Parte da qui l'idea vincente di Marco Pirovano, un giovane bergamasco

che, nel giro di un anno e mezzo, è riuscito ad aprire sei negozi: due suoi, due in società con altri e due in franchising. Tutti con il suo marchio: PolentOne (registrato a livello internazionale). Qui, chi vuole gustare una buona polenta (nelle due versioni, bramata gialla o taragna) cotta al momento nei tradizionali padelloni di rame, può accompagnarla con diversi sughi a scelta (per esempio, lepre, cinghiale, anatra, vegetariano, crema ai 5 formaggi, zola, taleggio, ecc.), ma anche optare per un versione dolce (con la Nutella, con lo zucchero, con il latte). Certo, non sarà una polenta uguale alla versione più classica e 'romantica', cotta magari sul camino, rimestata a lungo nel paiolo e poi rovesciata sopra un grande tagliere di legno, perché la liturgia della tradizione e il fascino del piatto contadino inevitabilmente si perdono, ma, in tempi di cibo spazzatura, ben venga comunque il recupero delle tipicità nostrane.
«Sono sempre stato un buon commerciale - dice Marco Pirovano - e da ragazzo, dopo aver fatto per qualche anno l'istruttore in palestra, sono andato in Australia e ci sono rimasto due anni, lavorando nella ristorazione. Anche là, senza neppure sapere la lingua, con il mio modo di fare ero capace di coinvolgere la gente. Così, da semplice cameriere, in poco tempo mi sono ritrovato a fare il manager di due ristoranti: gli altri locali magari erano vuoti, ma io avevo regolarmente la fila di clienti».
Rientrato in Italia (con l'idea di non rimanerci a lungo), ha voluto poi visitare anche i Caraibi, dove ha scoperto luoghi «bellissimi per le vacanze, pessimi per lavorare». Finiti i soldi, è tornato a Bergamo, pensando di fermarsi un paio di mesi, riprendere l'attività in palestra e quindi ripartire alla volta di Surfer's Paradise, Australia. Le cose sono andate diversamente e, all'età di 28 anni, Marco ha deciso di aprire un fast food-take away nella sua città («Il cibo di strada, diffusissimo all'estero, sta arrivando anche qui ed è il futuro, perché la gente ha sempre meno tempo per cucinare»). Considerando che di kebab, pizze, focacce, piadine, hamburger, ecc. è ormai pieno il mondo e non avendo la pretesa di aprire un ristorante, in competizione con i professionisti del settore, ha scelto un prodotto della sua terra, semplice ed economico, un piatto di per sé

popolare per storia e tradizione, da proporre a prezzi accessibili. «Ho ripensato a una fantasia che io e mio cugino avevamo avuto a 14 anni - racconta - una notte che, andando in giro un po' sbronzi, immaginavamo come sarebbe stato bello trovare qualcuno che stesse lì a girare la polenta per noi. La polenta... perché no?».

Dopo svariati esperimenti con una macchina noleggiata in prova, utilizzando i prodotti del più antico mulino di Bergamo, Marco Pirovano è riuscito a trovare la combinazione ideale di acqua e farina di mais per ottenere una polenta della giusta consistenza. La macchina però, troppo piccola e artigianale, aveva grossi difetti: senza perdersi d'animo, aiutato dal padre ingegnere, ha chiesto al produttore di apportare alcune modifiche (ora anche le macchine sono di sua produzione). «All'inizio - confessa - ho avuto anch'io qualche incidente di percorso e qualche fregatura. Per esempio, allestimento e arredamento del primo negozio mi sono costati circa il triplo di quello che ho speso per i più recenti».

Il primo take away è stato aperto a Bergamo, in Borgo Santa Caterina, una delle zone più vecchie della città, vicina allo stadio, conosciuta e assai frequentata per la presenza di diverse botteghe artigiane, ma dove gi affitti dei locali erano decisamente più abbordabili che in centro. Il secondo, nella Città Alta (piazza Mercato delle Scarpe), ha attirato l'attenzione di molti turisti. A seguire, sono arrivati quelli di Treviglio e di Brescia (aperto in società con il cantante Omar Pedrini) e altri in franchising. Quello di Milano - a due passi dall'Università, nel bacino di una potenziale clientela di studenti, che, tra una lezione e l'altra, hanno sempre poco tempo e pochi soldi per il pasto di mezzogiorno - è nato in seguito alla scoperta che molti clienti delle 'polenterie' di Bergamo venivano proprio dal capoluogo lombardo. Prossima tappa: Mosca.

«Una piazza fortissima - spiega Pirovano - che conta 21 milioni di abitanti. Io non ci sono mai stato, ma mio padre ci ha lavorato per 20 anni, il che mi ha indubbiamente agevolato. Del resto, l'idea di portare il marchio fuori dall'Italia è senz'altro stimolante, perché ogni mese ricevo dalle 20 alle 100 richieste di informazioni da parte di connazionali residenti

all'estero (in Romania, Svizzera, Canada, America, Costa Rica, Brasile), che vorrebbero aprire un PolentOne in franchising. Ci sto lavorando e credo che questo tipo di proposta possa avere successo, soprattutto nei Paesi del Nord Europa. Spero che il mercato estero possa darmi anche maggiori soddisfazioni a livello economico, visto il peso della pressione fiscale da noi. Qui però, oltre all'orgoglio di aver creato un nuovo business con il piatto tradizionale della mia zona, ho notevoli gratificazioni a livello personale e mediatico».
Qualcuno ha già provato a copiare l'idea, ma con scarso successo perché, come sempre succede, chi realizza per primo un progetto originale, se non commette grossi errori, parte in netto vantaggio, desta interesse e curiosità, cattura l'attenzione dei media.

## Reinventarsi un lavoro (dopo averne perso un altro)

La famigerata crisi economica che ci ha investito in pieno, a tutte le età e in quasi tutti i settori, è talmente grave che, in molti casi, quella di inventarsi un lavoro non è più una scelta, ma una necessità per riuscire a sopravvivere. Oltre alle difficoltà economiche che inevitabilmente la accompagnano, la disoccupazione porta con sé anche la perdita di autostima e di un pezzo importante della propria identità. Molti, comprensibilmente, si lasciano sopraffare dalla paura, dal senso di precarietà e di vuoto, ma la cosa più importante è invece rimanere vitali, sforzandosi di non abbandonarsi alla depressione, perché l'atteggiamento mentale giusto è il primo presupposto per uscire da questa situazione. Trovare nuove attività, coltivare interessi e relazioni da cui trarre crescita e consapevolezza sono, oltre agli affetti (che però da soli, non bastano), i punti su cui far leva per riuscire a risollevarsi.

Dalla fotografia pubblicitaria alla produzione di formaggi speciali
Dai 16 ai 35 anni Marco Bernini ha fatto il fotografo pubblicitario a Milano, lavorando per grandi aziende e marchi internazionali. A un certo punto però il suo giro di affari ha iniziato a ridursi, come quello di tanti altri colleghi milanesi. Per integrare le entrate in discesa libera (di colpo

sono venuti meno rapporti decennali con i clienti più importanti), ha iniziato a fare scenografie per la pubblicità e ha imparato a fare la birra. Inizialmente il suo progetto alternativo era quello di un microbirrificio, ma si è ben presto reso conto che questa attività è regolamentata da una normativa complessa, che comporta necessariamente forti investimenti. Non potendo più sostenere i costi milanesi, si è messo in cerca di una nuova casa: doveva costare poco ed essere molto grande, per poter ospitare la sua famiglia e contenere tutto ciò che si trovava nel suo grande studio-laboratorio.
La ha trovata a Pozzol Groppo, sulle colline tra Oltrepò Pavese e Piemonte, dove, con l'aiuto dei contadini della zona, è riuscito a comprare a un prezzo molto interessante una struttura agricola con stalle, tettoie, porticati, fienili. Messo da parte il progetto birra, insieme a sua moglie ha deciso di prendere 14 capre per avere il latte con cui produrre formaggi. Si è messo in regola con la Asl e ha iniziato la produzione. Mentre sua moglie continuava a lavorare per una grande azienda milanese, lui si occupava di tutto: di sistemare la casa, delle capre, dei parti, dei capretti e anche dei due figli, di cui uno molto piccolo. Dopo qualche tempo si è reso conto di non poter reggere un simile carico da solo.
«Ho mollato gli animali - racconta - e ho trovato chi mi poteva fornire latte di qualità, così sono riuscito a concentrarmi sui formaggi, facendone diversi tipi. All'inizio ho seguito un corso della Coldiretti, poi ho letto libri, ho visitato tutte le più importanti fiere del settore e ho fatto tantissimi esperimenti. Anche internet mi è stato di grande aiuto. A poco a poco sono diventato un vero esperto e mi sono dato alla creazione di prodotti speciali, abbastanza stupefacenti (lo dicono quelli che li assaggiano!). Grazie alla continua sperimentazione giornaliera, ho elaborato anche una mia tecnica, che ho chiamato Pané. In pratica, conoscendo bene il processo di birrificazione, ho iniziato a trasferire la tecnologia birraria a bassa fermentazione in una preparazione di panetteria, poi uso questi pani come terreno di coltura per trasformare il latte in formaggio. Questo particolare metodo mi permette di ricreare anche una mia versione di alcuni

formaggi tipici, al di fuori della loro zona di produzione. Sto cominciando a farmi conoscere e ho portato le mie specialità anche al Salone del Gusto di Torino».

Dall'e-learning alle soluzioni aziendali
per la creazione di valore condiviso

Best Nest opera nell'ambito della responsabilità d'impresa e dello sviluppo sostenibile, proponendo progetti di WorkLife Balance, allo scopo di favorire la 'conciliazione' della vita lavorativa e privata dei collaboratori aziendali, sulla base delle loro esigenze concrete. In pratica, si tratta di creare, proporre alle imprese (Enel, Telecom, Unicredit, Unilever, San Pellegrino, Luxottica, Perugina...) e gestire progetti innovativi, che le aiutino a creare valore condiviso con i lavoratori, in modo da poter esprimere tutti il meglio. Per l'azienda questo vuol dire creare motivazione e migliorare la propria reputazione, per le persone sentirsi supportate e migliorare la qualità della propria vita.
Oggi Best Nest dà lavoro a sei persone nella sede di Sesto San Giovanni (Milano), ma in estate coinvolge almeno un centinaio di educatori.
«Nel 2003, all'età di 45 anni - racconta Fabio Fabiani, laureato in Ingegneria - avevo fatto una carriera molto rapida (a 32 anni ero già dirigente) e una notevole crescita come consulente, ma sempre con qualche difficoltà ad accettare le fredde logiche di gestione aziendale. Alla fine, avevo dato le dimissioni dalla società di e-learning per cui lavoravo. Dovevo dunque reinventarmi. Sul lavoro avevo conosciuto Barbara (Sturaro) ed entrambi, frequentando le aziende, ci eravamo resi conto di avere a che fare con persone che spesso non riuscivano a vivere serenamente la loro situazione lavorativa.
«Io conosco molto bene il mondo aziendale, a lei piacciono i bambini, così decidiamo di portare in azienda il mondo dell'infanzia. In quel momento potevamo investire, ma volevamo trovare un'attività che, al di là del profitto, rispondesse al nostro modo di sentire. Allora si parlava di nidi aziendali ma già si capiva che il mondo del lavoro avrebbe subito mutazioni sostanziali,

che si sarebbe venuto a creare un 'sistema liquido' tra casa e lavoro, che, soprattutto, le aziende avrebbero dovuto ripensare radicalmente i propri modelli organizzativi: dovevano diventare più 'umane', più *family oriented*, anche perché le nuove generazioni hanno una maggiore attenzione alla vita privata. Partecipammo a una gara della Banca popolare di Lodi che scelse proprio noi per un progetto dedicato ai bambini, ritenendoci più preparati di altri all'ideazione di soluzioni tagliate per una cultura e una mentalità aziendale. Abbiamo dunque organizzato, nei locali della banca, l'asilo nido, la scuola dell'infanzia, il doposcuola e il centro estivo, in pratica servizi che coprivano interamente la fascia di età da 0 a 14 anni.

«Però non eravamo del tutto soddisfatti, perché volevamo influire maggiormente in alcune dinamiche di 'cambiamento' dell'azienda. Vedendo che 200-300 famiglie frequentavano i nostri centri estivi, abbiamo pensato di mettere a punto (e brevettare) il 'Progetto 90 giorni', nato per supportare le famiglie dei collaboratori aziendali con figli dai 3 agli 11 anni, nel periodo in cui le scuole sono chiuse a causa delle vacanze estive o delle festività. L'azienda mette a disposizione alcuni spazi, che vengono allestiti e utilizzati per svolgere attività ludico-educative, con personale specializzato e opportunamente formato». Dopo la Banca popolare di Lodi, anche un'assistente di Don Verzè decise di sviluppare questo progetto all'interno dell'Ospedale San Raffaele, in una grande sala mensa che venne riorganizzata e riarredata a questo scopo. L'iniziativa ebbe molto successo, coinvolgendo anche tanti bambini di Segrate. Qualcuno ha cominciato a parlarne e anche alcuni responsabili della multinazionale Nestlè sono andati a vedere. Da lì il progetto è decollato e ha trovato applicazione ormai in tutta Italia.

«Recentemente abbiamo poi messo a punto anche Baby & Elder Sitter on demand: se capita che un collaboratore (più spesso una collaboratrice) non possa disporre delle soluzioni normalmente adottate per i figli o per i parenti anziani in difficoltà (il che costringerebbe ad assentarsi dal lavoro), Best Nest fornisce, in una situazione contingente e di urgente necessità, il supporto immediato (nel giro di 60-90 minuti) di una figura professionale specializzata, selezionata e formata. Tra le iniziative

più recenti ci sono conferenze e seminari sulla genitorialità e Welfare Lab, un grande laboratorio di idee, di opinioni, di scambio, di collaborazioni, creato in un'area della intranet aziendale, che diventa così 'social intranet', luogo virtuale di veloce contaminazione reciproca, aperto a un dialogo costante, sereno e costruttivo tra l'azienda e le sue persone.
«Se ci si mette in una logica di ascolto - dice Fabio - ci si accorge che i bisogni delle famiglie non finiscono mai e saperli comprendere e soddisfare diventa per l'azienda leva di vantaggio competitivo importante».

Dal licenziamento a un'impresa con 30 dipendenti
La sua avventura è iniziata con un licenziamento: dopo aver perso il lavoro nell'agenzia per cui promuoveva gruppi musicali e organizzava concerti, Andrea Pontiroli decide di mettersi in proprio. Nel 2003, crea a Milano l'agenzia di booking e management Saphary Deluxe (investimento iniziale 1500 euro): intende scoprire nuove band da lanciare con attività di produzione discografica, ufficio stampa e programmazione di live. A lui si affiancano Riccardo Negri e Daniela Amati. Nel 2005 Arci e la Provincia gli chiedono di recuperare una ex discoteca. Così, con l'aiuto di alcuni amici, la risistema e fonda il circolo Magnolia, che in poco tempo attira migliaia di ragazzi. A questo punto Andrea, ispirandosi a ciò che ha visto a Berlino, decide di concretizzare il suo sogno: un grande spazio polifunzionale, dove professionisti di diversi settori abbiano modo di lavorare fianco a fianco e interagire spontaneamente, dove sia possibile rilassarsi, incontrare gli amici, fare quattro chiacchiere con persone sconosciute, ascoltare il gruppo preferito, acquistare un vinile raro, vedere una mostra fotografica.
Santeria è un luogo per la mente, che, nei suoi 500 mq (su tre piani, con cortile esterno), ospita uno shop (libri delle migliori case editrici indipendenti italiane, vinili in edizioni limitate, box set, stampe rare, pressing per audiofili, una selezione di marchi d'abbigliamento indipendenti, prevendita di biglietti per concerti e spettacoli), un'accogliente caffetteria con cucina (ottime colazioni continentali, pranzi, brunch la domenica e

tanta buona musica), una sala omni-funzionale (ideale per mostre e vernissage, showcase musicali, conferenze stampa, corsi, workshop, ecc.), un'area co-working e uffici, per creare e condividere il lavoro, in un ambiente creativo e dinamico (massima flessibilità contrattuale, postazioni di lavoro originali e personalizzate). Nel frattempo, Saphary Deluxe si è trasformata e ingrandita in una nuova società, GodzillaMarket srl, che si occupa di management, ufficio stampa e booking, con sede proprio nella nuova factory Santeria.
«In tempo di crisi - sostiene Andrea - non serve lamentarsi e non bisogna neppure rassegnarsi. La soluzione è invece agire, non pensando solo al guadagno, ma reinvestendo continuamente in nuovi progetti; è lavorare con passione e fare impresa, con l'etica dell'associazione, creando così un circolo virtuoso, che produce nuove opportunità anche per tante altre persone» (i dipendenti delle tre distinte attività, assunti a tempo indeterminato, hanno ormai superato la trentina).

### Dalla ricerca chimico-farmaceutica all'insegnamento e ai lavori di falegnameria

A metà del 2009 Giovanni ha perso il suo lavoro di ricercatore chimico presso un'azienda farmaceutica. Per qualche mese ha cercato di reinserirsi nello stesso settore, dopodichè, vista la situazione di crisi, ha intrapreso nuove attività. Oggi si divide tra l'insegnamento dell'italiano a quadri, dirigenti o direttori stranieri in Italia per periodi di tempo che vanno da uno a più anni (in una società di formazione linguistica) e il lavoro di falegname: la falegnameria è il suo obiettivo e l'insegnamento il mezzo per raggiungerlo. Per poter insegnare e mantenere così la famiglia, ha seguito la formazione all'interno dell'azienda con cui collabora, mentre la lavorazione del legno è un interesse che ha coltivato fin da bambino e sviluppato come hobby negli ultimi 10 anni. Ha frequentato anche i laboratori di alcuni falegnami, seppure in maniera non continuativa né formativa: li guardava lavorare e cercava di imparare il più possibile. In pratica, il metodo empirico, sostenuto da una passione incrollabile, oltre che da svariate letture e lunghe discussioni su forum dedicati, ha fatto il resto. A poco a poco, conta di poter concentrare tutte le sue energie verso il laboratorio di falegnameria, che ha aperto in un paese della provincia di Alessandria. A determinare il tipo di prodotti che fa sono state fino a ora le richieste dei suoi clienti, all'inizio amici e conoscenti, poi persone che sono arrivate a lui attraverso il passaparola, dal paese in cui vive e da quelli vicini.

Ha provato ad aprire una partita Iva per 'ufficializzare' questa attività, ma dopo un anno è stato costretto a chiuderla, perché richiede volumi produttivi impensabili. Impensabili sia per la situazione contingente, sia per il tempo che al momento vi può dedicare.

«Anche se non mi ritengo ancora arrivato al punto di approdo, sono comunque soddisfatto della qualità della mia vita: oggi ho orari di lavoro molto più flessibili e posso rimanere alcuni giorni della settimana fuori città».

## Quanto sono brave le donne a reinventarsi!

Per le donne, che nella seconda metà del secolo scorso avevano rapidamente conquistato il mercato del lavoro, ora non è facile fare i conti con l'aspetto più drammatico della recessione, la disoccupazione: ritrovarsi improvvisamente a casa significa non solo rimanere senza stipendio, ma anche esporsi a una profonda rivoluzione della vita quotidiana, perdere autonomia e una parte importante della propria identità personale e sociale. Vuol dire perdere riferimenti fondamentali e rischiare di smarrirsi, dubitare delle proprie capacità, non riuscire a sopportare di essere sempre a disposizione di mariti e figli. Dopo il momento della rabbia e la fase di 'elaborazione del lutto', alcune scoprono che dopotutto la nuova situazione, per quanto non voluta, può avere i suoi lati positivi (niente più ansie, sensi di colpa nei confronti della famiglia, niente più ritmi stressanti, responsabilità, riunioni serali e trasferte), che è bello anche avere più tempo per sé, occuparsi dei propri figli, godersi la loro infanzia, vederli crescere e saperli al sicuro, seguirli nei momenti difficili dell'adolescenza. Altre invece, per passione o per necessità, decidono di provare nuove strade, riescono a rimboccarsi le maniche e a reinventarsi in tanti modi diversi.

I saponi naturali di Elisabetta Servente

Nel curriculum di Elisabetta ci sono una professione nel mondo della moda, anni di viaggi all'estero e di una vita molto diversa da quella che oggi scorre, lenta e serena, tra i boschi della Valle Oropa, nel Biellese. La 'scoperta del sapone' (grazie a un corso sulla saponificazione con metodi naturali, tenuto da Patrizia Garzena, autrice con Marina Tadiello di un noto manuale su questo argomento) le ha cambiato la vita - racconta - perché le ha aperto gli occhi su un modo di vivere diverso, su una nuova dimensione di sé, fino al momento in cui ha coraggiosamente deciso di trasformare un hobby in attività professionale.

L'azienda per cui lavorava era entrata in crisi e lei era stata messa in cassa integrazione. All'inizio, ha seguito la solita trafila: curricula in giro, colloqui, giornate a sfogliare gli annunci. A un certo punto ha pensato che quello che le stava succedendo, anche se duro e doloroso, poteva essere l'occasione per cambiare vita. Così ha pensato al sapone.

Dopo qualche mese, un investimento iniziale di circa 10.000 euro e tanta tenacia, ha dato vita all'Ape Speziale, laboratorio di sapone e cosmetici naturali, con sede a Cossila, una delle frazioni collinari di Biella, all'imboccatura della valle che sale al famoso Santuario di Oropa.

Fa tutto da sola: si occupa degli acquisti, della produzione, del marketing, delle consegne, delle etichette, con l'aiuto di un grafico solo per il packaging e il sito internet (www.apespeziale.it).

Per i suoi saponi e i suoi unguenti - che si possono acquistare nelle erboristerie e nei negozi equo-solidali del Biellese, oltre che sul suo sito - utilizza esclusivamente ingredienti biologici e biodinamici, acquistati il più vicino possibile. Niente plastica nell'imballaggio, ma solo materiali naturali e riciclabili. La base dei saponi è olio extra vergine da olive italiane, a cui aggiunge solo oli essenziali biologici o biodinamici, propoli e miele dall'alveare di casa, lavanda, timo e rosmarino del suo orto, acqua delle sorgenti di Oropa... Ha messo a punto anche una linea di saponi scrub, fatti con farina di mais del Canavese e caffè equo-solidale. Oltre ai saponi, ora sta sperimentando la produzione di unguenti e balsami per labbra.

Elisabetta si divide tra il laboratorio e la cascina, dove, con il compagno apicoltore biologico, cura un piccolo orto e una micro-fattoria con asini e caprette.
«Tutti gli inizi sono duri - racconta - e il mio non fa eccezione. Gestire un'attività in questo momento in Italia è forse un po' da pazzi, ma se penso alla qualità della mia vita oggi, beh... non ho dubbi, so di aver fatto la scelta giusta. Ho riscoperto il valore del tempo, del prendersi cura della natura e dell'essere ricompensati dalla sua bellezza, dalla sua integrità. Ho ritrovato il senso di quello che faccio, la soddisfazione di creare e vendere qualche cosa che non è solo un 'prodotto', ma un ideale in cui credo. Non ho nessun rimpianto e nessuna voglia di tornare alla frenesia di certi anni. Ho ritrovato me stessa, il piacere di fare da me tante piccole cose, come il pane, la pasta... E poi c'è l'enorme soddisfazione, che non ha prezzo, di vedere i miei clienti tornare a cercare i miei saponi, di capire che l'ideale di cui sono 'figli' viene compreso, condiviso e diffuso. È davvero la cosa più bella, perché per me il sapone naturale è una scelta di vita. È la mia piccola rivoluzione personale per un mondo migliore, più pulito, più etico e più giusto».
L'Ape Speziale è un laboratorio a norma di legge, perché Elisabetta ha scelto di non vendere i suoi saponi senza autorizzazioni, mischiandosi magari agli hobbisti dei mercatini.
La trafila per aprirlo è iniziata all'Ufficio di Igiene della Provincia e con i lavori di adeguamento del laboratorio. Poi c'è stata la lunga ricerca di un direttore tecnico che potesse supervisionare la produzione e, quando questi ha inviato la comunicazione al ministero della Salute, il ciclo si è chiuso con l'apertura della partita Iva. La procedura però può variare molto da Regione a Regione e i tempi per riuscire a concluderla sono a volte molto lunghi.
«Mettersi in regola costa, è vero. Ci si fa carico di tante grane e di tante spese, ma solo così, a mio avviso, si diventa credibili. La professionalità, oltre a rappresentare una garanzia per il consumatore, è anche una forma di rispetto del valore del proprio lavoro e di se stessi».

Oggi Elisabetta riceve tante email da molte altre persone - soprattutto donne e giovani - che vorrebbero seguire la sua strada, perché magari hanno perso il lavoro e non sanno come andare avanti. A tutti raccomanda di non rischiare, di pensarci bene, perché per riuscire ci vogliono serietà, coraggio e qualche soldo da parte, almeno all'inizio: il sapone non è la soluzione per tutti.

Dall'informazione medico-scientifica a 'matematici si diventa'

Dopo aver perso, come tanti suoi colleghi, il lavoro di informatore scientifico per una casa farmaceutica, lei, genovese laureata in biologia, ha inventato 'matematici si diventa': lezioni private di matematica, fisica e chimica agli studenti delle scuole medie inferiori e superiori, impostate secondo le esigenze specifiche di ciascuno, che le vengono segnalate direttamente dai docenti scolastici. Cristina sa bene che gli insegnanti spesso non hanno il tempo e la possibilità di seguire ogni singolo allievo. Lei va a parlare con loro (spesso al posto dei genitori, che non hanno il tempo di farlo), per poter tarare la preparazione dei ragazzi in base alle lacune e difficoltà da colmare.

«Spesso i ragazzi non sono capaci di rapportarsi con i loro insegnanti e non hanno sufficiente fiducia in sé - dice - e io lavoro tanto anche sull'autostima. È un impegno entusiasmante, che mi dà grandissime soddisfazioni, anche perché i risultati non mancano. La prima cosa che insegno è che la matematica è facile: una volta capito questo, tutto il resto è una passeggiata».

# Trasformare una passione nel proprio lavoro

*Chi ha la possibilità di lavorare motivato da una passione è senza dubbio un privilegiato. I riconoscimenti e il guadagno, sicuramente importanti, non sono comunque prevalenti rispetto alla soddisfazione di fare bene ciò che piace, ricavandone anche un profitto. Ecco perché il prodotto e/o il servizio offerto da chi lavora con passione ha un valore aggiunto, appare unico e originale. E il passaparola messo in moto da chi lo apprezza genera un circolo virtuoso potenzialmente infinito.*
*Chi lavora con passione sente poco la stanchezza e si concentra su ciò che sta facendo, fa progetti, realizza nuove idee, è curioso, si informa e si forma, è disposto a investire tempo e denaro per migliorare e accrescere le proprie conoscenze e capacità.*

Ecco quali sono gli step da seguire per inventarsi un lavoro da fare con passione.
- Individuare e coltivare le proprie passioni.
- Essere motivati dalla situazione che si sta vivendo (non avere un'alternativa, oppure essere insoddisfatti, stressati, stanchi della condizione attuale) e dall'aspirazione a realizzare i propri sogni.
- Scegliere attentamente l'attività in cui incanalare la propria passione, coniugando le inclinazioni personali con le richieste del mercato.
- Seguire un percorso formativo, per migliorare le proprie conoscenze e capacità.

- Agire, sperimentare, concretizzare le proprie idee.
- Superare le difficoltà iniziali, le delusioni, gli ostacoli esterni, mantenendo la fiducia nel proprio progetto, con la flessibilità necessaria per adattarsi ai feedback ricevuti.
- Promuoversi e farsi conoscere utilizzando tutti i possibili mezzi di comunicazione.

Ovviamente, non è sempre tutto facile e, lungo il percorso, si possono incontrare alcune difficoltà: non riuscire a identificare chiaramente la propria passione, non sapere bene come poterla concretizzare e trasformare in un vero lavoro, avere le idee confuse, essere poco fiduciosi nel proprio progetto...
Fidandosi innanzitutto delle proprie ispirazioni e intuizioni, è sempre molto utile chiedere indicazioni e consigli a chi ha già fatto un'esperienza simile, partecipare a corsi di formazione specificamente indirizzati al tipo di attività che si vorrebbe intraprendere, seguire un percorso di coaching mirato a scoprire e sviluppare la propria idea.

Ma quali passioni possono davvero tradursi in un lavoro coinvolgente e gratificante? Tantissime, più o meno tutte: quella per i bambini, per gli animali, per la casa, per la buona cucina, per l'ambiente, per la vela... perfino quella per le parole!

Fiabeperdire

Marcella Panseri ha 38 anni, vive a Bergamo e ama le parole, soprattutto quelle scritte. Le ama da sempre, da quando a 10 anni scriveva poesie improbabili, pensando di essere un'eroina del ventesimo secolo. Ora scrive fiabe, fiabe per dire qualcosa a qualcuno, ai bambini, ai grandi, a chi lavora in un'azienda.
«È un lavoro molto bello - dice Marcella - creativo, divertente, che mi lascia molta libertà, perché posso farlo quando voglio e dove voglio. In più, essendo soggetto al diritto d'autore, anche la contabilità è decisa-

mente semplificata. Per iniziare, ho speso poche migliaia di euro: circa 3000 per il sito, 200 per gli studi di stampa (impagino da sola, utilizzando un software ad hoc), 100 per la registrazione del marchio alla Camera di commercio e altri 250 euro per fare 1000 cartoline pubblicitarie da distribuire in giro. Il logo costerebbe 1500/2500 euro, ma mi è stato regalato da un'amica grafica che ha creduto nel mio progetto».

In pratica, che cosa si può dire con una fiaba? Lo spiega lei stessa nella homepage del suo sito www.fiabeperdire.com: «Tu scegli ciò che vuoi dire, io invento una fiaba per dirlo. Tu scegli a chi regalare questa fiaba, e io ci metto dentro il suo mondo: i suoi gusti, i suoi gesti, i suoi cibi preferiti, il suo cane».

Online si trovano diversi esempi, tutti molto carini. Si può scrivere una fiaba per consolare un bambino, per aiutarlo, per dargli coraggio, amore, fiducia, per dirgli: 'Ci sono, ti voglio bene'. Per far sentire i più piccoli coccolati, compresi, amati. Per dire che avere gli occhiali non significa essere diversi o che si può sorridere anche con l'apparecchio ai denti. Per dire che papà ci sarà sempre, anche se ha un figlio con un'altra donna. Per dire che non ci si deve vergognare di mettere i vestiti della sorella maggiore. Per dire che, se perdi il tuo cane, ti rimarrà per sempre il suo affetto. Per dire che i numeri non sono la peggior cosa del mondo o che, se smetti di ripetere 'aspetta un attimo' 100 volte al giorno, la tua vita migliora. Per dire che puoi parlare invece di chiuderti nella tua stanza. Per dire che la prima volta deve essere speciale. Per dire che il tuo cuore spezzato si ricucirà. Per chiedere scusa, se ho pensato solo al lavoro e non a te. Si possono scrivere fiabe per dire ai grandi ti amo, grazie, scusami. Per dare coraggio, speranza, forza. Per far ridere, per sedurre, sostenere o sgridare. Per ricordare il primo incontro, la prima volta, il giorno del matrimonio. Per ricominciare, per ripartire. Per la mamma, per il nonno. Per stimolare un marito annoiato dal lavoro, per dire che ce la faremo anche questa volta, per dire: 'Ricomincia a sognare'. Per dire che hai bisogno di lui e non di soldi, oppure per dire che hai bisogno di soldi.

Si possono scrivere fiabe per dire alle persone che il gruppo fa la forza, per invitarle a sciogliersi, a lasciare libera la mente, a confrontarsi, inventare e fare spazio alla creatività. Per dire che le nuove idee sono fondamentali, che è meglio imparare dai grandi piuttosto che temerli. Per dire che l'ordine è importante, che anche l'ultimo arrivato merita rispetto, che la sicurezza è un dovere e non una scelta.
Tra l'altro, Marcella propone anche corsi di formazione per scrivere insieme una fiaba: si decide il tema, si creano i personaggi, la trama, i buoni e i cattivi. E poi si lavora con la fantasia, il brainstorming, la voglia di trovare un finale positivo, perché il lavoro della creazione è importante quanto quello della condivisione. Dieci giorni (più o meno) e la fiaba personalizzata arriva a casa per posta, rilegata (via mail arriva ancora più in fretta).

## Lavorare con la passione per i bambini

Chi ama i bambini e si diverte a stare con loro, al punto di voler scegliere un'attività a contatto con il mondo dell'infanzia, non ha che l'imbarazzo della scelta, perché le occasioni non mancano. L'aspetto più interessante di questi lavori, oltre alla possibilità di interagire con i piccoli in prima persona, è la soddisfazione di regalare loro esperienze piacevoli e divertenti, che porteranno con sé nella crescita.

### Tagesmutter: il nido condominiale

Invece che ai nonni, alla tata o all'asilo nido, oggi i genitori possono affidare quotidianamente i loro bimbi alla 'tagesmutter' (mamma giornaliera in tedesco), una soluzione relativamente nuova per noi, che viene dai Paesi del Nord Europa, dove esiste invece da oltre 20 anni e copre circa un terzo dei posti nido.
Familiarità e flessibilità sono i principali vantaggi di questa formula, complementare al nido d'infanzia, che può soddisfare in modo più elastico e differenziato le esigenze dei genitori. Con la 'mamma di giorno' (che di solito ha un'età compresa tra i 30 e i 50 anni ed è spesso madre a sua volta) i piccoli vanno a passeggio o a fare la spesa, poi tornano a casa e si prepara

la pappa, a cui seguono le favole, la nanna, i giochi, fino all'arrivo dei genitori. È una routine che ricalca la normale vita in famiglia a cui i bambini, abitudinari come sono, si adattano di solito con facilità.
Questa attività è ora prevista anche in Italia, dove un finanziamento del ministero delle Pari opportunità si propone di diffonderla e valorizzarla a livello nazionale. I requisiti richiesti per intraprenderla variano in base a quanto stabilito dalle amministrazioni locali: generalmente, oltre alla licenza di scuola media inferiore e a un'età minima di 21 anni, è necessaria la frequenza di corsi di formazione specifici, presso gli enti locali o i network di nidi familiari (a Milano, per esempio, La casa Tagesmutter onlus organizza un percorso formativo che va dall'analisi delle motivazioni della candidata al colloquio psicologico di verifica per l'idoneità all'esercizio del compito assistenziale-educativo, alla fase di formazione vera e propria per almeno 250 ore).
Per ottenere le autorizzazioni necessarie, si presenta una dichiarazione autocertificata presso il Comune e la Asl di riferimento, scegliendo contestualmente una forma giuridica ammessa dalla regione di appartenenza (associazione famigliare, cooperativa unica, formula libera).
Oltre a ciò, l'aspirante 'mamma di giorno' deve avere a disposizione uno spazio della propria abitazione (la casa-tipo è di 70 mq), che garantisca, ovviamente, i necessari requisiti di sicurezza. L'asilo familiare può accogliere, per un massimo di 10-11 ore al giorno, da 3 a 5 bambini, di 3-36 mesi, compresi i figli della 'mamma giornaliera': in pratica, una donna con 2 bimbi piccoli può accoglierne altri 3. Il compenso mensile varia in funzione del numero di bambini e delle ore di assistenza per ciascuno di loro. Le qualità fondamentali della 'tagesmutter'? Passione, tanta pazienza e amore per i bambini.

Per ottenere maggiori informazioni si possono visitare i siti internet www.pariopportunità.gov.it e www.centromediazionefamiliare.it e quelli delle associazioni a cui fanno capo gli asili familiari esistenti (per esempio, www.tagesmutter-ilsorriso.it, www.lacasatagesmutter.it).

### Aiuta-mamma

È una figura ancora poco conosciuta, che ha il compito di aiutare, sostenere e rassicurare le donne nei momenti più delicati della gravidanza, nei giorni che precedono e seguono il parto, nelle prime settimane a casa con il neonato. Avere un figlio è forse l'esperienza più entusiasmante e coinvolgente della vita, ma, proprio in quanto tale, porta spesso con sé timori, preoccupazioni e momenti di stanchezza. Soprattutto quando si tratta del primogenito. Una volta i bambini nascevano e crescevano in seno a grandi famiglie patriarcali, dove ragazzi e ragazze si 'allenavano' quotidianamente al loro futuro ruolo di genitori, aiutando nella cura dei fratellini più piccoli, dove le nonne e le zie più anziane mettevano a disposizione della neomamma la loro esperienza e il loro aiuto concreto. Oggi non è più così e le giovani madri vengono di solito prese alla sprovvista dalle piccole e grandi difficoltà che si presentano loro ogni giorno. I buoni consigli e l'aiuto concreto di una persona esperta possono essere davvero preziosi, evitando a chi ha appena partorito di cadere magari in un pericoloso stato ansioso-depressivo, che potrebbe avere conseguenze molto gravi.
Trattandosi di una professione che si svolge tra privati, non è richiesto nessun titolo di studio e nessuna particolare formazione, ma evidentemente, per svolgerla in modo serio e responsabile, bisogna essere a propria volta mamme molto esperte, oppure aver quantomeno maturato una solida esperienza negli asili nido. Per farsi conoscere, non c'è in questo caso niente di meglio del passaparola.

### Operatore socio-assistenziale per l'infanzia

Ha il compito di occuparsi di minori (bambini e adolescenti fino ai 18 anni) con leggere difficoltà di sviluppo o apprendimento, con problemi di comportamento o socializzazione, oppure provenienti da famiglie con situazioni problematiche o di disagio sociale. Dopo aver seguito un corso teorico-pratico di formazione, completato da un tirocinio, può trovare uno sbocco professionale negli asili nido, nelle scuole materne ed elementari, nei servizi comunali per l'infanzia, nelle case famiglia e nei centri di acco-

glienza per minori disagiati, nelle comunità alloggio e nei centri per l'affido, presso centri estivi, colonie e ludoteche...
Le sue mansioni consistono nel prestare aiuto agli utenti, incoraggiando e favorendo la cura di sé nelle attività giornaliere (pulizia personale, vestizione, assunzione dei pasti, attività ricreative...), nello stimolare le attività di socializzazione, integrazione sociale e sviluppo delle capacità cognitive, nel collaborare al governo dell'ambiente di vita (cura dell'alloggio, preparazione dei pasti, predisposizione delle strutture finalizzate alle attività occupazionali o del tempo libero). In collaborazione con gli altri operatori gestisce anche le attività ricreative-culturali e/o occupazionali promosse dalla struttura, dà fiducia al ragazzo, ascoltandolo, dimostrandogli apprezzamento per i successi ottenuti e appoggiandolo nel superamento delle difficoltà. Svolge (se necessario) mansioni elementari, legate all'attività medica (rilevazione della temperatura, semplici interventi di primo soccorso...), aiuta i soggetti a mantenere buoni rapporti con familiari, parenti, amici e conoscenti, favorisce il contatto con la realtà sociale circostante e con le altre istituzioni che si occupano di minori...

Questi sono due dei tanti siti che si possono visitare per saperne di più:
www.migep.it
www.operatoresociale.com

### Tecnico o titolare di ludoteca

Ludoteche, baby parking e centri giochi, dove lasciare i bimbi mentre la mamma fa la spesa o dove portarli a divertirsi nel tempo libero, sono nati negli Usa molti anni fa. All'estero funzionano bene, ma anche in Italia cresce la domanda di servizi di intrattenimento: in città, nei pressi dei centri commerciali o vicino alle scuole, nelle località di villeggiatura...
Il tecnico di ludoteca ha un ruolo importante, perché contribuisce alla crescita e allo sviluppo delle potenzialità individuali dei bambini, nonché alla loro socializzazione, attraverso la proposta delle attività ludiche. Deve avere competenze in ambito psicopedagogico, per poter programmare attività

adeguate al livello cognitivo, espressivo e motorio dei piccoli di diverse età. Deve essere in grado di condurre giochi e attività psicomotorie di gruppo, di organizzare laboratori creativi (disegno, pittura, manipolazione, costruzione, ecc.), di scegliere i materiali da utilizzare, di guidare interventi di animazione teatrale e musicale. La qualifica professionale di operatore di ludoteca si consegue attraverso corsi di formazione specifici, organizzati generalmente dalle Regioni o dagli stessi Comuni. Chi ha spirito imprenditoriale può magari decidere di aprire e gestire in proprio una ludoteca, informandosi anche sulla possibilità di ottenere aiuti e sovvenzioni.
Per chi ama lavorare con i bambini, l'avvio di un centro giochi per l'infanzia può essere un'opportunità interessante: se si indovina la posizione e si offrono servizi di qualità, si può guadagnare bene, investendo un capitale relativamente limitato.

Per saperne di più, visitate questi siti:
www.bancadati.informagiovanipiemonte.it
www.logospaf.it
www.ludotecagreenpark.it

### Allenatore o istruttore sportivo

Fonte di divertimento e di benessere psicofisico, lo sport rappresenta oggi più che mai un'occasione preziosa per favorire la crescita armonica dell'organismo e la coordinazione motoria, nonché lo sviluppo psicologico e sociale nell'età evolutiva, in un mondo in cui i ragazzini trascorrono troppe ore confinati entro spazi ristretti e monotoni, oppure davanti alla televisione, al computer o ai videogiochi.
Le alternative sono davvero moltissime e non c'è che l'imbarazzo della scelta: l'importante è che i bambini si trovino sempre a proprio agio in quello che fanno, che la pratica sportiva venga loro prospettata da genitori e istruttori come una cosa piacevole e divertente di per sé, a prescindere dai successi ottenuti, in modo da evitare ansie e frustrazioni. Una sana attività orientata a fini fisico-formativi dovrebbe proporre programmi diffe-

renziati ed estremamente variati, continuamente arricchiti nelle modalità di apprendimento, sempre graduali per favorire l'espressione spontanea in forma gioiosa e ludica.
L'allenatore deve essere capace di seguire e incentivare nel modo giusto i piccoli atleti in erba, facendoli divertire, motivandoli e incoraggiandoli, scegliendo gli esercizi adatti a sviluppare al meglio attitudini e potenzialità di ciascuno. Fondamentali sono anche il clima e l'atmosfera creati dall'educatore sportivo, che deve spingere i suoi piccoli allievi ad amare lo sport, a relazionarsi con gli altri, ad acquisire consapevolezza del proprio corpo. Divertimento, entusiasmo, passione e cultura sportiva dovrebbero essere gli obiettivi di ogni mister di squadre di bambini. Anche un istruttore bravo e preparato potrebbe però incontrare serie difficoltà nel seguire un numero eccessivo di giovanissimi allievi, perciò non dovrebbe mai averne più di 15. Per poter fare seriamente questo lavoro, è necessario studiare, essere preparati, aggiornarsi di continuo e, soprattutto, seguire un percorso formativo frequentando i corsi organizzati dalle singole federazioni, che rilasciano di solito un 'patentino' di 'allenatore di base', oppure laureandosi allo Iusm, l'Istituto universitario di Scienze motorie (il vecchio Isef). L'ideale sarebbe avere entrambi i titoli, quindi una preparazione al tempo stesso specialistica e completa, con nozioni di pedagogia e psicologia.

Per saperne di più, si possono visitare questi siti:
www.assoallenatori.it
www.figc.it (calcio)
www.educoproject.eu

### Animatore di feste

È il 'regista' del divertimento dei bambini. Oltre a organizzare i giochi, ovviamente adatti all'età dei piccoli, deve riuscire a stabilire rapidamente un rapporto di empatia con ciascuno di loro. Fa in modo che proprio tutti - anche i più piccini e i più timidi - vengano coinvolti nel divertimento generale. È capace di inventare travestimenti, eseguire piccoli trucchi di magia, fare scherzi da clown, mettere in scena spettacoli divertenti. Sa gestire eventuali capricci o piccoli conflitti e riesce magari anche a insegnare, sempre giocando, qualche cosa di nuovo. Ovviamente, l'animatore deve essere dinamico e creativo, deve avere attitudine al gioco, competenza, capacità di improvvisazione, grande flessibilità, capacità di interagire con i bambini in modo attivo e formativo. Anche quella dell'animatore non può essere una figura improvvisata. In tutta Italia vengono organizzati corsi e stage, dove si possono apprendere i segreti e i trucchi del mestiere: si impara a organizzare i giochi, a realizzare piccole coreografie (la cosiddetta baby dance), ci si impratichisce delle tecniche di truccabimbi, di giocoleria e di baloon art (le 'sculture' con i palloncini) e chi più ne ha, più ne metta...

Per saperne di più, visitate questi siti:
www.animatoridiroma.it
www.emagister.it/corsi_animazione_per_bambini-ek9182.htm

## Clown terapeuta

Veste i panni del pagliaccio e utilizza comicità, umorismo, improvvisazione per sostenere i bambini che si trovano in una condizione di difficoltà sanitaria e/o sociale (in particolare, quelli ricoverati in ospedale). Lo scopo di questa 'terapia' è quello di intervenire su emozioni negative, come paura, rabbia, tristezza, ansia, depressione, per aiutare i pazienti a superarle, attraverso il sorriso e un atteggiamento positivo.
Chi decide di impegnarsi in questa attività deve avere innanzitutto la volontà e il coraggio di mettersi in gioco, poi una notevole capacità di empatia. Di solito, la prestazione avviene a titolo gratuito, come forma di volontariato, ma alcune associazioni (per esempio, la Fondazione Theodora) la retribuiscono. Per entrare a far parte di un team di clown terapeuti bisogna seguire i corsi di formazione istituiti dalle varie associazioni di volontariato. Ci sono, per esempio, la Federazione Vip (Viviamo in positivo) Italia Onlus, che ha sedi in tutta Italia, e l'associazione Theodora Onlus, che organizza corsi in collaborazione con un'importante struttura ospedaliera pediatrica

(seminari residenziali, visite di scambio e visite di coaching). Chi vuole diventare operatore professionale deve seguire studi più specifici. Da qualche anno la Federazione nazionale ClownDottori persegue l'obiettivo del riconoscimento di questa figura.

Ecco alcuni siti da visitare per saperne di più:
www.clownterapia.it
www.ridepervivere.it
www.dottorsorriso.it
www.theodora.it
ewsite.it/federazionenazionaleclowndottori.org

## Lavorare con la passione per gli animali

Anche chi ama gli animali può trovare l'idea giusta per trasformare la propria passione in opportunità di lavoro. Al di là del medico veterinario - una professione che prevede una formazione universitaria lunga e difficile, più eventuali specializzazioni - esistono diverse figure dedicate ai compiti di cura, gestione, insegnamento, comportamento e pet therapy. Dal momento che il numero delle famiglie che accolgono un animale è in continuo aumento, il settore dei servizi può offrire diversi sbocchi: dog e cat sitter, toelettatori, negozi di alimenti e accessori, pensioni...
Le marce in più per svolgere con successo le attività che prevedono l'interazione con gli animali? Formazione, professionalità, pazienza e dedizione. Attualmente in molte città italiane vengono organizzati corsi con l'obiettivo di formare persone esperte di comportamento animale e zooantropologia. L'importante è analizzare bene le proprie propensioni, fare una ricerca approfondita sulle strutture e sugli enti che forniscono formazione (diffidando sempre dei percorsi formativi troppo facili e brevi, nonché di quelli troppo teorici e poco pratici), verificare la validità degli attestati rilasciati e la possibilità di essere inseriti nel mondo del lavoro, informandosi, preferibilmente, dalle persone che hanno già completato il percorso.

## Pet sitter

Ritmi di lavoro frenetici, famiglie costituite spesso da due o addirittura una sola persona, situazioni che rischiano di confinare in casa per intere giornate cani e gatti, incolpevoli prigionieri di stili di vita sempre più convulsi, spingono la richiesta di questo genere di servizio. Sapere il proprio amico peloso in buona compagnia, magari a passeggio nel parco, oppure in una struttura dove viene seguito e coccolato, è sicuramente più rasserenante che immaginarlo triste e solo in attesa del rientro dell'amato padrone.
Quello di occuparsi temporaneamente di cani e gatti (ma anche di coniglietti, piccoli roditori, uccellini, pesci in acquario) può essere il lavoro (o lavoretto) ideale per prendere confidenza con il mondo animale. Il modo più facile per cominciare è senz'altro il passaparola, partendo dai vicini di casa e dai negozi di quartiere, oppure lasciando un appunto negli studi veterinari o nei pet shop della zona in cui si vive. La soluzione più efficace può essere quella di inserire un annuncio su www.annunci-dogsitter.com, il primo portale italiano gratuito dedicato a chi cerca e offre servizi di pet sitting, oppure sul giornale della propria città.
Esiste anche un'associazione nazionale per la formazione e la tutela del pet sitter, la Opsi (Obiettivo pet sitter Italia, www.obiettivopetsitter.it). Il programma Family Pet consente di conoscere tutto ciò che è necessario per poter accudire con competenza e responsabilità gli animali domestici (fondamenti di etologia, tecniche sanitarie, nozioni di pronto soccorso, leggi nazionali sulla responsabilità civile).
Un altro sito interessante è www.weddingdogsitter.com, con il videocorso di educazione cinofila del team Think Dog.

## Operatore di canile

Il modo migliore per iniziare è fare volontariato in una struttura che ospita animali abbandonati (canile, gattile, rifugio...). Oltre ai volontari, il cui contributo è fondamentale, queste realtà prevedono talvolta anche la presenza di persone regolarmente retribuite, le cui mansioni consistono in genere nella pulizia dei box, nella somministrazione del cibo e di eventuali terapie.

In alcuni casi gli operatori di canile possono anche assistere i veterinari. Per poter svolgere correttamente questi compiti, sono previsti corsi formativi (di solito all'interno della stessa struttura), che permettono poi l'inserimento lavorativo.

### Tecnico veterinario

Abivet (www.abivet.org) è una società di servizi veterinari che si occupa, tra le altre cose, di formazione del personale medico e paramedico. I corsi, di durata biennale, consentono di ottenere la qualifica di Veterinary Care Assistant: il tecnico veterinario può orientarsi verso diversi settori di impiego, tra cui ambulatori e cliniche veterinarie, ospedali universitari, aziende sanitarie, bioparchi, ecc.
Informazioni sui corsi per assistente veterinario si possono trovare anche sul sito http://asvet.corsi-cef.it.

### Toelettatore

Se, oltre ad amare gli animali, siete dotati di senso estetico, abilità manuale, forza e resistenza fisica, nonché di una buona dose di calma e pazienza, potete pensare di intraprendere la professione di toelettatore.
Naturalmente, un buon centro di toelettatura, oltre ad avere attrezzature adeguate e moderne, deve essere rigorosamente pulito e disinfettato, per evitare spiacevoli contagi, come micosi e patologie cutanee, che potrebbero trasmettersi da un animale all'altro se l'igiene non viene rispettata. Anche qui non è dunque possibile improvvisarsi. Ma anche qui esistono scuole di formazione che insegnano a gestire un animale (magari impaurito e nervoso), a usare le forbici, tagliare le unghie e pulire le orecchie, a procedere con i giusti trattamenti estetici e a valutare le condizioni della cute, riconoscendo eventuali problemi e consigliando in tal caso l'intervento del veterinario.
Tra le materie di insegnamento non mancano le nozioni teorico-pratiche di gestione aziendale e gli aspetti fiscali, in modo da fornire un quadro completo dell'attività. In ogni caso, prima di mettersi in proprio, è caldamente consigliabile fare pratica presso un professionista esperto.

Per saperne di più, potete visitare i siti:
www.toelettatura.net
http://asvet.corsi-cef.it

## Responsabile di pet shop

La clientela a due e a quattro zampe, sempre più esigente, non si accontenta dell'offerta del supermercato e si rivolge volentieri allo specialista, quando sa di trovare un interlocutore preparato e aggiornato sulle ultime novità del mercato.
Per di più, il negozio di pet food e accessori per animali, spesso affiancato dall'ambulatorio veterinario, può essere anche un punto di riferimento per i neoproprietari inesperti e disorientati, in cerca di consigli.

## Lavorare nel campo della pet therapy

Affiancata sempre più spesso alle cure tradizionali per aiutare pazienti con problemi di vario genere (dagli handicap fisici ai disturbi psichici) e perfino per prevenire alcune patologie come quelle legate allo stress, la terapia con gli animali è in sintonia con l'idea di una medicina in cui l'attenzione si sposta dai sintomi al malato nella sua interezza psicofisica, considerando la malattia non come un fatto isolato, ma come risultato di un complesso di fattori diversi. Anche di fronte a patologie croniche o incurabili, per cui non esiste una terapia, si può perseguire un maggiore benessere globale, intervenendo sul bisogno che il paziente ha di essere ascoltato e rassicurato. Ecco perché, nelle condizioni opportune, il supporto degli animali 'guaritori' può rivelarsi utilissimo.
Essendo un'attività complessa e articolata, la pet therapy deve essere seguita da un'equipe multidisciplinare, di cui fanno parte il medico, il terapista della riabilitazione, lo psicologo, gli infermieri, gli assistenti sociali e magari anche gli insegnanti, oltre al veterinario e al conduttore dell'animale (pet partner). Insieme formano un gruppo di lavoro che ha, tra gli altri obiettivi, il mantenimento di un equilibrio dinamico tra gli interessi umani e animali nella gestione della relazione assistenziale o terapeutica.

## DETECTIVE SPECIALIZZATI NEL RECUPERO DI ANIMALI SMARRITI

L'incubo di chi ama il proprio animale è perderlo. E ritrovarlo non è facile. A questo hanno pensato due trentenni bergamaschi, Andrea Granelli e Luca Spinelli, educatori cinofili e fondatori del Centro cinofilo DogZone di Bergamo, che, dopo aver frequentato a Seattle il corso di Kat Albrecht della Missing Pet Partnership, specializzandosi in ricerca e soccorso di animali scomparsi, hanno importato in Italia il modello statunitense, creando la prima e unica organizzazione che agisce a livello operativo per il ritrovamento di animali smarriti: AcchiappAnimali (www.acchiappanimali.com).

Partecipa al progetto di Luca e Andrea anche Daniela Cardini, responsabile della comunicazione, coordinatrice del centro operativo, nonché aiutante sul campo. Le loro abilità di detective, supportate dal fiuto dell'inseparabile cane Napoleone (un setter irlandese di 6 anni, specializzato nella ricerca di cani e gatti) e da tecniche molto sofisticate, hanno permesso a moltissimi animali di ricongiungersi felicemente con la propria famiglia. La ricerca parte dall'affissione di poster fluorescenti ad alta visibilità, invece dei tradizionali volantini, con la fotografia dell'animale e alcune informazioni di base. Anche sulle automobili dei proprietari vengono scritti appelli con pennarelloni colorati: la gente si incuriosisce e li legge. Dopo aver stilato un profilo dell'animale (analogo a quello che l'Fbi fa per le persone scomparse), il team di petdetective (Napoleone, Nikita, Grace, Gastone) inizia la ricerca. Il cane annusa e gli umani, interpretando i suoi messaggi, lo seguono con telecamere notturne, trappole e perfino il luminol. Il momento dell'incontro del cane o del gatto con il padrone è sempre molto emozionante e ripaga di tutti gli sforzi fatti.

Grazie al passaparola e a tariffe molto accessibili, l'attività sta crescendo.

Le diverse figure professionali collaborano a progettare e quindi a mettere in pratica un programma di intervento che possa avere una reale efficacia. Naturalmente, è necessario conoscere e valutare attentamente anche le condizioni fisiche e comportamentali degli animali coinvolti. Il conduttore ga-

## LA 'FATTORIA SOCIALE'

Arca (www.arca.coop), ad Azzanello di Pasiano, in provincia di Pordenone, è una fattoria sociale di allevamento e ricerca, dove i ragazzi diversamente abili allevano, accudiscono e istruiscono animali che, a loro volta, interagiscono in attività di pet therapy con bambini, anziani o soggetti svantaggiati. Le attività svolte dalla cooperativa sono pensate e realizzate in modo che le persone disabili abbiano la possibilità di svolgere un lavoro utile, di cui possono vedere i risultati concreti. Oltre a cinque asinelli e a cinque cani Labrador, allevati e seguiti per la terapia relazionale, ci sono tre caprette, i conigli, le galline, i polli e altri animali da cortile, tutti coinvolti nelle attività terapeutiche con alcune scuole elementari della zona e con Laboratorio scuola, una cooperativa che ospita bambini dai 3 agli 11 anni, allontanati per vari motivi dalla famiglia su decreto del Tribunale dei minori.

rantisce il benessere del proprio animale, lo guida e lo sostiene, comprende al volo il suo bisogno di interagire, oppure di riposarsi o allontanarsi. Se si tratta di un cane, sa capire per esempio quando arriva il momento di sospendere l'attività. L'intesa, l'affiatamento e la fiducia reciproca fanno della coppia cane-conduttore una 'squadra' davvero eccezionale. Tutto questo si raggiunge attraverso una formazione specifica, con il supporto di istruttori specializzati: affinché ogni progetto possa essere ideato, pianificato e realizzato nel modo più efficace possibile, nel pieno rispetto delle esigenze dell'utente e dell'animale, le persone che operano nel campo delle attività e terapie assistite dagli animali necessitano di un adeguato percorso formativo e di un perfezionamento continuo.

Notizie, informazioni e riferimenti si possono trovare facilmente in rete:
www.salute.gov.it/caniGatti/caniGatti.jsp
www.centroanimalia.it/pet_therapy.htm
www.aiuca.eu
www.siua.it

In Italia esiste anche un master universitario di primo e secondo livello in Pet Therapy e Qualità della vita promosso dalla Scuola superiore di formazione Re Rebaudengo di Torino, affiliata alla facoltà di Scienze dell'educazione dell'Università pontificia salesiana di Roma, che mira alla formazione specialistica di operatori esperti nella gestione di attività e terapie assistite con gli animali.

## Lavorare con la passione per la casa e l'arredamento

La casa è il paesaggio domestico della famiglia, il luogo dell'abitare, dei ritmi quotidiani, del lavoro, del cibo e del sonno. Oggi diventa un universo in trasformazione, segno visibile di altre esperienze, che rivela la mentalità, esprime l'essenza e il senso del sé di chi ci vive. Avere la passione della casa significa pensare anche alla sua manutenzione, alla revisione e verifica di efficienza dei suoi elementi, agli interventi di rammodernamento per rivitalizzare uno spazio che, pur rimanendo sempre lo stesso, cambia nel tempo.

### Home shopper: il consulente per l'acquisto di arredi e complementi

Che cosa fa? Semplice, aiuta i suoi clienti nell'impresa, non sempre facile, di arredare una casa conciliando gusti, esigenze e desideri con gli spazi e il budget a disposizione, realizzando un progetto nel suo insieme, senza trascurare i dettagli.
Non deve quindi andare a caccia di pezzi unici per pochi, ma saper arredare con gusto la casa di chiunque. Per trovare la soluzione giusta, cioè quella più funzionale e conveniente, ma al tempo stesso personalizzata, orignale, 'su misura', bisogna conoscere e analizzare le molteplici proposte di negozi, show room, outlet, riviste specializzate, siti internet. Una cosa che la maggior parte delle persone non ha il tempo di fare e che può quindi utilmente delegare a un 'professionista'.
Dopo un accurato sopralluogo e un colloquio approfondito con il committente, l'home shopper inizia a concordare con lui lo stile degli arredi da acquistare (che in molti casi dovranno anche armonizzarsi con quelli

preesistenti). Una volta preso nota di questi aspetti e del budget disponibile, può iniziare a muoversi in completa autonomia, oppure insieme al cliente stesso.
Nata intorno agli anni '80 negli Stati Uniti, questa professione si è poi diffusa in molti altri Paesi. Chi decide di intraprenderla deve, come sempre, avere un'adeguata preparazione: in mancanza di corsi specifici, potranno essere utili una laurea in architettura d'interni, un diploma di interior design, o, al limite, una buona esperienza, maturata 'sul campo' collaborando per un certo tempo con un operatore del settore. Buona cultura, senso estetico, capacità di cogliere al volo tutto quanto 'fa tendenza' e di interpretare i gusti delle persone, ottima conoscenza della città in cui si vuole operare e dei suoi dintorni sono in ogni caso le doti indispensabili all'aspirante home shopper. Per farsi conoscere e proporsi ai potenziali clienti, saranno poi molto utili un ricco portfolio o, meglio ancora, un sito internet con le immagini degli interventi già realizzati.

### Home stager

Se ve la sapete cavare con vernici e pennelli, se gli amici si rivolgono a voi quando devono risistemare la casa, se avete buongusto e siete capaci di riordinare in un attimo anche il caos peggiore, questo è il lavoro che fa per voi. L'home staging è l'arte di valorizzare qualunque tipo di immobile, migliorandone l'immagine in modo da favorirne la vendita o l'affitto nel minor tempo possibile e al prezzo migliore. Si tratta di una professione nata negli Usa, dove è ormai consolidata, diffusa anche nel Nord Europa, che sta arrivando ora in Italia e potrebbe rappresentare un'interessante evoluzione nel settore immobiliare.
L'home stager ha il compito di trasformare, attraverso una serie di interventi - il più possibile rapidi, astuti e poco costosi - una casa qualunque in quella capace di conquistare il potenziale acquirente. Il suo occhio esperto individua come riposizionare i mobili, che cosa togliere e che cosa aggiungere per rendere gli ambienti più ariosi e gradevoli. Può suggerire di ritinteggiare le pareti per dare luminosità ai locali, di piazzare in modo

strategico un paio di faretti alogeni o una bella lampada, di posizionare nel punto giusto un tappeto, uno specchio o una pianta... insomma può consigliare tutte quelle piccole migliorie che contribuiscono a creare un'atmosfera piacevole. Spesso chi acquista un immobile, pur valutando attentamente il prezzo e le condizioni in cui si trova, decide poi sull'onda della prima impressione che ne ha avuto. Ecco perché una casa trascurata, in disordine, magari anche piena di cianfrusaglie e un po' maleodorante, è decisamente più difficile da 'piazzare' di una ordinata, che 'sa di buono' e trasmette emozioni positive.
La crisi che il mercato immobiliare sta vivendo in questi ultimi anni può essere dunque la molla che spinge privati e agenzie a rivolgersi all'home stager per dare un valore aggiunto alla propria offerta, in un settore sempre più competitivo.

Informazioni su questo lavoro e sui corsi da seguire si possono trovare in rete, sui siti:
www.italianhomestaging.com
www.stagedhomes.it
www.homestagingcorner.it
www.homestagingschool.it
www.casa.it/home_staging
www.decorate-redecorate.com (in inglese, propone corsi a distanza con cd e pubblicazioni online)
www.interiorplacements.co.za/ (in inglese, fornisce gli strumenti di marketing per stendere il business plan, trovare clienti e proporsi alle agenzie immobiliari).

Indispensabile, per cominciare, un portfolio, cioè un album fotografico con tutti i dettagli degli interventi già fatti (prima e dopo). Per realizzarlo, bisognerà ovviamente offrire (gratis o a prezzo stracciato) qualche intervento di restyling domestico ad amici e conoscenti. La creazione di un sito internet aiuta senza dubbio ad avere una visibilità decisamente maggiore.

### L'agenzia per chi cambia casa

Qui non si parla solo di casa, ma di servizi rivolti a chi deve cambiare/sta cambiando casa e magari anche città. Trasferirsi è sempre traumatico: oltre a dover cercare l'immobile in cui abitare, bisogna affrontare mille adempimenti burocratici, fare lunghe code, perdere intere giornate di lavoro... Così un'agenzia francese ha deciso di offrire un servizio completo a chi intende cambiare residenza, dalla ricerca dell'immobile in base alle esigenze del cliente, ai documenti necessari, all'allaccio delle utenze ed eventualmente anche al trasferimento del conto bancario. Segnala il cambio di indirizzo postale, cerca le scuole per i bambini, trova tutti i punti di riferimento per la nuova organizzazione della vita familiare. Per saperne di più, si può visitare il sito www.easymoove.fr.

### L'agenzia per la manutenzione della casa

In Olanda c'è un'azienda che offre, dietro il pagamento di un canone annuo fisso, un interessante servizio di assistenza e consulenza per la manutenzione della casa. Ai clienti viene assegnato un tecnico personale, a cui, attraverso il sito web, è possibile rivolgere qualsiasi domanda relativa a problemi di manutenzione dell'abitazione: per esempio, come intervenire in caso di guasti o di piccoli lavori domestici.

Nel canone è compreso anche un controllo annuale dell'abitazione da parte del tecnico, che include la verifica della caldaia e dello stato generale dell'immobile. Il tecnico può quindi suggerire eventuali interventi da effettuare preventivamente, per evitare danni futuri. Se invece si verifica un'emergenza, la società mette a disposizione dei clienti un servizio di intervento straordinario, attivo 24 ore su 24, avvalendosi di un team di tecnici che garantiscono la risoluzione del problema a un prezzo convenzionato e inferiore a quello medio di mercato.

### Creare arredamenti originali e personalizzati

Con un po' di buon gusto, manualità, senso artistico e passione per l'arredamento, si può restituire nuova vita a vecchi mobili, recuperati più o meno gratis nelle cantine o dai robivecchi': una mano di vernice, un'accurata scelta dei colori, un motivo decorativo, una tendina graziosa in sostituzione di uno sportello rotto o che non si chiude più, una maniglia o un pomello originali... e il gioco è fatto. Qualcuno è in grado di realizzare l'opera da sé, ma non tutti hanno la passione del bricolage. Così c'è chi ha avuto l'idea di aprire una piccola bottega artigianale, dove espone e vende pezzi di arredamento davvero unici.

Un'azienda olandese ha invece puntato sulla diffusione dei prodotti Ikea, creando una linea di decorazioni adesive prestampate, perfettamente adattabili ai mobili della multinazionale svedese, di per sé piuttosto sobri ed essenziali. Chi desidera dare alla camera da letto o al soggiorno un tocco di colore e di originalità, può scegliere tra motivi floreali, figure geometriche o astratte e paesaggi. Mykea (www.thisismykea.com) offre anche la possibilità di creare decorazioni personalizzate a partire da immagini e foto dei clienti. L'idea pare riscuotere un discreto successo, tanto che l'azienda ha messo anche a disposizione di artisti e grafici professionisti un 'designer kit', che consente loro di inserire nuovi disegni nel catalogo online, ottenendo una percentuale sulle vendite.

## Esperti di marketing olfattivo

Si chiama marketing sensoriale, o meglio marketing olfattivo. In pratica, si tratta di vendere, anzi di vendere di più e meglio, attraverso l'olfatto, il più diretto e ancestrale dei nostri cinque sensi, perché in stretta relazione con l'ippocampo, sede di emozioni e memoria. La percezione degli odori influenza i nostri comportamenti, determina l'umore e incide sulle decisioni che prendiamo (anche se spesso non ce ne rendiamo conto). Numerosi studi scientifici documentano gli effetti delle diverse fragranze: il limone è stimolante, la menta piperita elettrizzante, il profumo di bosco trasmette ottimismo, quello di rose aiuta a fissare nella mente le informazioni e a fare bei sogni.

Le conseguenze del legame tra gli odori e il nostro modo di pensare sono davvero sorprendenti: all'Università di Utrecht, nei Paesi Bassi, si è scoperto che un leggero aroma di limone era sufficiente per indurre un gruppo di studenti a fare le pulizie. I ricercatori sono giunti alla conclusione che l'odore stimola le zone del cervello collegate alle emozioni, determina una maggiore attenzione visiva, rende le decisioni più emotive e meno razionali. Per questo il potere psicoattivo di un profumo può influenzare le persone, inducendole a prolungare la permanenza in un luogo e favorendo la loro propensione all'acquisto.

Sembra che negli Stati Uniti l'aroma del cioccolato e del pane appena uscito dal forno abbiano fatto aumentare le vendite dei supermercati, mentre in alcune jeanserie gli effluvi di una particolare colonia abbiano determinato un incremento degli acquisti. Anche le agenzie immobiliari possono trarre vantaggio dal marketing olfattivo: l'atmosfera calda e accogliente di una casa che profuma di caffé o di torta di mele fa subito una buona impressione (e si sa che la decisione di comprare una casa scatta spesso al primo impatto), mentre l'aria pesante produce un effetto deprimente.

La tecnica subliminale di diffondere nell'aria odori gradevoli può dunque diventare un vero, utilissimo, strumento di marketing: basta saperla usare nel modo giusto. Può dare un'identità più forte a un punto di vendita frequentato da clienti o pubblico, comunicando attenzione e ricercatezza. Può creare un'atmosfera gradevole e rilassante negli alberghi o nei centri benessere, producendo un ricordo emozionale positivo, che indurrà il cliente a tornare. Può rendere più serena l'attesa in uno studio medico, trasmettendo una sensazione di cura e professionalità. Può stimolare il desiderio di assaggiare un cibo, un dolce, un gelato. Può valorizzare situazioni pubbliche particolari (per esempio, mostre, fiere, presentazioni, sfilate), risvegliando l'interesse dei visitatori. Può trasmettere un messaggio di energia, vitalità, relax e freschezza nelle palestre e negli ambienti sportivi, oppure di competenza e professionalità in un salone di bellezza.

L'esperto/a di marketing olfattivo deve avere doti di sensibilità e gusto, capacità di attenzione alla moda, alle tendenze, allo stile e alle sfumature, curiosità, perizia tecnica e... un buon 'naso', per consigliare e realizzare l''arredamento olfattivo' giusto, caso per caso.

Per saperne di più, si possono visitare i siti:
www.profumo.it
www.emozioniolfattive.it
www.scentcompany.it
www.fragrance-designer.com
www.quellidelnaso.it

## Lavorare con la passione per la cucina

Riunirsi intorno a una tavola, ritrovarsi, festeggiare... assaporare i piatti della tradizione oppure preparazioni insolite e originali... è senza dubbio uno dei piccoli grandi piaceri della vita. Del resto, noi italiani siamo maestri riconosciuti in tutto il mondo della cultura del cibo e dell'arte culinaria.
Dunque chi ama cucinare e lo sa fare bene può senz'altro pensare di trasformare questa passione in un lavoro, anche senza aprire un proprio ristorante (impresa non facile dati i costi e le tasse particolarmente elevati, gli ostacoli e i tempi biblici della burocrazia per il rilascio delle autorizzazioni, la mole di lavoro in cucina e in sala, la necessità di assumere personale e di essere sempre aperti, soprattutto nei week end e nei giorni festivi...).

Una formula originale

A Londra due ragazze italiane - una ligure e una veneziana - preparano menu deliziosi, mescolando le ricette delle loro rispettive regioni e utilizzando ingredienti di qualità, per poi servirli a casa loro. Le prenotazioni si fanno via internet, ma i nuovi clienti vengono selezionati solo per passaparola tra persone amanti della buona cucina e della buona cultura. Ai tavoli vengono sistemati commensali che non si conoscono e hanno quindi l'opportunità di socializzare. Sembra che questa idea stia riscuotendo un grande successo.

La cena a tema viaggia in rete

«Gusta il sapore del mistero e aiutaci a trovare il colpevole!». L'idea è venuta a un gruppo di giovani milanesi che hanno lasciato il loro impiego

COME SI LAVORA E QUANTO SI GUADAGNA AI FORNELLI

La professione del cuoco è oggi molto ambita e tanti ragazzi sperano in un futuro da chef, sognando di diventare Carlo Cracco o Massimo Bottura. Mansioni e compensi cambiano ovviamente da un locale all'altro, ma, a grandi linee, le figure della brigata di cucina in un ristorante si possono così schematizzare:

- **garzone**: pulisce le verdure, pela le patate, mette via e rimpiazza strofinacci e attrezzature, 500-800 euro al mese;
- **commis di cucina o aiuto cuoco**: assiste i responsabili dei diversi settori, 800-1000 euro al mese;
- **chef di partita**: si occupa della carne, o del pesce, o delle verdure, 1500-2000 euro al mese;
- **sous chef o chef in seconda**: è il braccio destro dello chef e lo sostituisce in sua assenza, 2000-4000 euro al mese;
- **executive chef**: responsabile assoluto, svolge un ruolo complesso, che richiede grande capacità organizzativa, e contribuisce in modo determinante al successo del locale, 3000-6000 euro al mese.

(i due soci fondatori della Joint sono un ex insegnante delle scuole superiori e un ex dipendente di una società specializzata nell'organizzazione di eventi) per mettersi in proprio, allestendo cene 'a tema' (con delitto, con burlesque, 'al buio'), e che, a distanza di un anno, potevano già contare su una media di 60 cene al mese, prenotate non solo in diverse città dell'Italia settentrionale e centrale, ma addirittura in Ungheria e in Spagna. Tutto grazie a internet (www.invitoacenacondelitto.com).
In passato avevano creato un'associazione che si occupava di viaggi per studenti, volontariato e scambi a livello internazionale. Ma la svolta è arrivata quando hanno iniziato a organizzare eventi e a proporre le 'cene con delitto', che hanno subito avuto un grande successo. I commensali assistono alla rappresentazione teatrale di un omicidio e, tra una portata e l'altra, indagano per risolvere il giallo, consultandosi tra loro, interro-

gando gli attori, fiutando gli indizi, cercando di individuare il movente e l'arma del delitto. Chi invece sceglie la 'cena al buio' viene guidato da persone non vedenti a una degustazione a luci spente. Partecipare a una cena a tema costa qualche decina di euro.
La Joint srl fattura circa 1 milione di euro l'anno, dà lavoro a un centinaio di persone (tra attori e collaboratori vari) e investe il 95% del proprio budget pubblicitario sul web.

## Chef a domicilio

Oggi le persone hanno poco tempo e anche organizzare una cena con gli amici può diventare difficile. Si avrebbe voglia di farlo, ma non si trova mai il momento giusto. Per non dire che molti non si sentono affatto sicuri delle proprie abilità culinarie. Ed è qui che entra in scena il 'personal chef'.
Chi ha la passione per la cucina, ma non la possibilità o il desiderio di aprire un ristorante, si può proporre come cuoco a domicilio, cucinando direttamente a casa del cliente, dove penserà a tutto, dalla spesa al menù, alla preparazione della tavola (o eventualmente di un buffet), al servizio.
Per praticare questa attività non basta cucinare bene, proponendo menù variati e curando moltissimo i dettagli, bisogna anche sapersi promuovere e avere notevoli capacità organizzative. Una delle difficoltà è quella di stabilire prezzi che possano attirare i potenziali clienti ed essere al tempo stesso sufficientemente remunerativi: bisogna calcolare attentamente il costo degli ingredienti, il tempo impiegato per fare la spesa, preparare, cucinare, servire i commensali, riordinare tutto.
Di solito, si utilizzano gli attrezzi di cucina dei clienti, ma è bene portare sempre con sé alcuni strumenti che si potrebbero non trovare facilmente. Sono tutte cose che si imparano solo con l'esperienza, perciò, prima di buttarsi, è necessario 'allenarsi' un po'.
Un'altro problema è quello di farsi conoscere. Volantini, autopromozione alle fiere e un sito internet sono praticamente indispensabili, ma in questo tipo di lavoro il passaparola è fondamentale, perciò può essere utile proporre sconti o 'buoni omaggio' a chi porta nuovi clienti.

GASTROMAMA

Il progetto di Gastromama (che ha base a Londra, parte dall'Italia, Paese di grande tradizione turistica e culinaria, per arrivare poi nelle principali città europee) è mettere in contatto viaggiatori desiderosi di provare i piatti tipici locali con gli abitanti del posto appassionati di cucina, disposti a cucinare per loro e ospitarli in casa, con un' attenzione speciale a chi segue particolari regimi dietetici (senza glutine, vegan, vegetariano, kosher ecc).

Per cominciare, l'ideale è frequentare un buon corso di cucina e fare magari un po' di pratica in qualche ristorante, imparando a preparare in fretta e bene piatti creativi, a disporre una bella tavola, a servire con garbo e abilità i commensali.

Per approfondire gli aspetti tecnici di questo lavoro e scoprire i trucchi del mestiere ci si può rivolgere all'Associazione personal chef (Apc), che organizza corsi di formazione (www.foodplaza.it).

Può essere molto utile visitare il sito www.lacenaperfetta.com, dove si possono anche acquistare diversi ebook su questi temi: *Diventare chef a domicilio: il corso*, *Come diventare chef a domicilio di successo*, *Come diventare cuoco-chef a domicilio e organizzare pranzi e cene a domicilio*, *Mangiare con gli occhi* (lezione di impiattamento), *Guida al futuro cliente dello chef a domicilio.*

Chi lavora a contatto con gli alimenti deve avere un certificato sanitario, da richiedere alla Asl della propria provincia. Gli adempimenti burocratici però sono minimi.

L'Associazione nazionale cuoche a domicilio

L'Associazione, che si propone gli obiettivi della valorizzazione, conservazione e divulgazione delle ricette tradizionali italiane, è nata nel 2011 a Catania da un'idea di Maria Elena Curzio, napoletana di origine e catanese di adozione, ed è stata tenuta a battesimo dallo chef Gennaro Esposito. Riunisce le cuoche a domicilio, non professioniste, di tutte le

PAGHI QUELLO CHE VUOI

L'idea di far pagare 'a piacere' viene dagli Stati Uniti. Applicare il cosiddetto 'modello d'onore', cioè lasciar decidere al cliente la cifra del conto, può sembrare antieconomico e anacronistico. In realtà questa soluzione, attuata nella ristorazione, nella musica e nei musei (soprattutto all'estero, ma talvolta anche in Italia), pare aver dato in qualche caso ottimi risultati.

Il Centro di educazione ambientale Serra Guarneri, un antico borgo rurale immerso nel verde della Riserva integrale del Parco delle Madonie, propone occasionalmente ai visitatori la formula 'decidi tu qual è il giusto prezzo da pagare' per una o due giornate di permanenza. In generale, le entrate sono mediamente superiori al 'prezzo nascosto'. Anche il ristorante Graspo de Ua di Venezia, a due passi dal Ponte di Rialto, ha introdotto il 'paga quanto vuoi' su un menù particolare di cinque portate: al cliente viene consegnata una sorta di 'pagella' su cui scrivere la cifra che, in tutta coscienza, ritiene giusto pagare.

regioni d'Italia. Donne appassionate di cucina, che intendono creare una rete per raccontare, attraverso le ricette, le storie delle famiglie, del territorio, dei prodotti tipici locali, del lavoro dei produttori, di tutti coloro che con la loro attività nel campo enogastronomico vogliano farne parte. Lo scopo è anche quello di promuovere uno scambio tra culture e ricette del mondo, attraverso manifestazioni, eventi, degustazioni, corsi di cucina e qualunque altra attività possa riunire chi prepara, chi assaggia e chi produce, perché il cibo unisce, insegna, diverte e crea lavoro.

**Lezioni di cucina a domicilio**

Una possibile variante dell'attività di chef a domicilio è la scuola di cucina nell'abitazione del cliente e negli orari che gli sono più comodi, con lezioni personalizzate e flessibili. Un'attività che vive sostanzialmente di passaparola: il segreto per farsi apprezzare è saper proporre le ricette giuste, cioè quelle più adatte allo stile e alle esigenze degli 'allievi'.

## Decoratore di torte

Ecco un lavoro divertente e creativo, per non dire artistico, riservato a chi, oltre a passione per i dolci e ottima manualità, ha anche senso estetico, fantasia, capacità di attenzione ai dettagli, metodo e precisione. Il 'cake decorator' non è un normale pasticciere, ma una persona capace di realizzare (utilizzando magari una base già pronta e ingredienti preparati da un altro pasticciere) piccoli capolavori che, nel momento in cui entrano in scena, lasciano tutti a bocca aperta.
Che sia un compleanno, un'inaugurazione o un matrimonio, la torta, si sa, compare nel momento clou della festa. Ecco perché deve essere non solo buona, ma anche bella: qui davvero l'occhio vuole la sua parte! I cake designer più richiesti sono veri artisti, capaci di creare con la pasta da zucchero incredibili sculture tridimensionali, che arrivano a costare anche più di 1000 euro. I clienti possono essere privati, pasticcerie, panetterie, ristoranti, società operanti nei settori del catering e dell'organizzazione di eventi, wedding planner, asili, scuole, ludoteche e baby parking.

In Italia i corsi da seguire per impadronirsi dei segreti di quest'arte 'zuccherosa' sono organizzati da:

- Confederazione nazionale pasticceri Italiani (www.conpait.it)
- Accademia maestri pasticceri italiani (www.ampiweb.it)
- Associazione Italiana Cake Designer (www.cakedesigner.org)
- Cake Design Italia (www.cakedesignitalia.it)

## Per cominciare, la vendita porta a porta del robot multifunzione

Un'idea decisamente facile da mettere in pratica per chi ha la passione della cucina e ritiene di avere buone capacità comunicative, può essere quella di iniziare come dimostratrice e venditrice porta a porta del 'mitico' robot multifunzione, in grado di pesare, tritare, macinare, polverizzare, frullare, emulsionare, montare, mantecare, impastare e cuocere qualunque tipo di cibo: basta mettere gli ingredienti e programmare, a tutto il resto ci pensa lui. A detta delle sue numerose fan, questo apparecchio dà, anche a chi ha poco tempo da dedicare alla cucina, la possibilità di preparare con il minimo sforzo piatti piuttosto complessi, dolci, la pasta della pizza, le pappe per i più piccini e gli omogeneizzati fatti in casa con ingredienti genuini. È un lavoro che si può svolgere benissimo part time, conciliandolo con un'altra occupazione o con la cura dei figli: un impegno di 5-6 ore settimanali consente di guadagnare qualche centinaio di euro al mese, imparando anche tecniche di vendita e marketing, che potrebbero rivelarsi utili in futuro per altre occupazioni nel settore delle vendite o per commercializzare prodotti propri.

Per saperne di più, basta andare sui siti del gruppo tedesco Vorwerk Folletto, produttore del Bimby:
www.vorwerk.com/it/html/bimby/html
www.contempora.it

# Tante nuove possibilità dai lavori 'verdi'

*Ecomanager, bio-contadino, ecochef, certificatore energetico, tecnico installatore di pannelli solari, giardiniere specializzato in tetti verdi... contribuire in modo concreto alla salvaguardia dell'ambiente può essere una svolta che si traduce in tante, diverse opportunità di lavoro. Probabilmente, queste nuove figure professionali saranno in futuro tra le più richieste e nell'arco di vent'anni la 'green economy' darà lavoro a milioni di persone in tutto il mondo. Un panorama di professioni innovative, che in realtà nascono dalle vecchie, rivisitate in chiave 'verde' e high-tech. Perché l'ecostenibilità non è un modo per tornare indietro, verso una 'preistoria tecnologica', ma l'esatto contrario. E l'Italia è all'avanguardia nel campo della ricerca, della creatività, della sperimentazione. A sostenere l'occupazione 'verde' saranno soprattutto le tecnologie collegate a fonti di energie rinnovabili, ma novità positive arriveranno anche dall'evoluzione di attività considerate fino a ora molto inquinanti.*

## Biologico e dintorni

Lavorare la terra torna di moda e i bandi regionali per ottenere i finanziamenti destinati a chi intende avviare un'attività agricola sono letteralmente presi d'assalto. Per garantirsi redditi adeguati, non lasciandosi schiacciare dalla grande industria e dalla distribuzione moderna, i nuovi agricoltori investono soprattutto nel biologico, puntando ai nuovi stili di vita: oggi un numero crescente di consumatori considera infatti valori importanti sia l'ecosostenibilità dei prodotti e dei processi produttivi, sia tutto ciò che è legato al benessere, inteso come rafforzamento del legame tra alimentazione, salute e bellezza.

Il menù bio a domicilio (soprattutto negli uffici)

Invece del solito panino, consumato in fretta e furia dentro un bar superaffollato, la pausa pranzo bio prevede frutta e verdura di stagione. In questa ottica, Bioexpress (www.bioexpress.it) ha inventato la 'cassetta d'ufficio', che arriva ogni settimana direttamente sul posto di lavoro (in Lombardia, Veneto, Trentino-Alto Adige e Friuli-Venezia Giulia) piena di prodotti biologici, da consumare anche senza la necessità di posate e fornelli. I clienti possono scegliere tra diverse dimensioni e diverse fasce di prezzo. L'assortimento varia a seconda delle stagioni: frutta, ortaggi da consumare crudi, croccantini al muesli, succhi di frutta...

Coniugare la passione per l'ambiente
con quella per la buona cucina

Vivandiera (www.vivandiera.it) è il food delivery biologico di Francesca Ciampalini e Francesca Leita, che fanno consegne a domicilio a Venezia, cambiando ogni giorno menù. Le due giovani amiche, proprietarie e cuoche, si sono incontrate per caso. Una delle due insegnava italiano a Buenos Aires e, tornando in Italia, ha conosciuto l'altra, che, giunta dalla Toscana per motivi di lavoro, aveva affittato una stanza dai suoi genitori. Hanno scoperto di condividere la stessa grande passione per la cucina mediterranea e l'intesa è stata immediata. In quel momento, avevano entrambe la necessità di reinventarsi. Riuscendo a conciliare la tradizione della cucina veneta con quella toscana, hanno ben presto inaugurato la nuova attività, seguendo personalmente ogni passaggio dal produttore al consumatore (acquistano solo prodotti di qualità da fornitori 'a chilometri zero'). Basta andare sul loro sito, fare l'ordinazione e indicare dove deve avvenire la consegna.

## Il moderno arboricoltore diventa tree climber

Si muove tra i rami, nel rispetto assoluto degli alberi, ed è una figura sempre più richiesta nell'ottica di un nuovo rapporto tra uomo e natura. Un tempo gli alberi erano considerati solo una riserva di legname o una fonte di frutti da raccogliere, oggi però nuove conoscenze scientifiche e una nuova sensibilità ambientalista impongono di trattarli come creature vive, che esigono rispetto. La potatura, per esempio, è un'operazione che non si può improvvisare, ma va attuata da una figura professionale specifica: l'arboricoltore. Non tutti sanno che il proprietario è responsabile della sicurezza e che gli interventi al di sopra dei 2 metri di altezza devono essere eseguiti da arboricoltori qualificati, capaci di applicare tecniche di potatura rispettose della salute e della bellezza delle piante.
Nel settore il lavoro non manca, scarseggia piuttosto la professionalità: i risultati delle cattive potature sono sotto gli occhi di tutti. Negli ambienti urbani è sicuramente giusto intervenire, ma con certe drastiche capitozzature si rischia di danneggiare gravemente la pianta, se non addirittura di distruggerla per sempre.
Da oltre 20 anni si è andata affermando anche in Italia la tecnica del tree-climbing, cioè il lavoro sugli alberi mediane l'ausilio di funi, che permette di entrare all'interno della chioma, per eseguire interventi più mirati, raggiungendo anche le parti a cui gli operatori con il cestello non possono arrivare. Dal 2005 sono nate diverse scuole che organizzano corsi professionali (circa 40 ore) per acquisire le tecniche di sicurezza necessarie e ottenere un patentino che abilita al lavoro in quota su funi o, meglio ancora, la certificazione di European tree worker.
Maggiori informazioni si possono trovare sul sito della Società italiana di arboricoltura (www.isaitalia.org).

## Il creativo del verde cittadino

Tra i professionisti che in futuro potranno probabilmente fare buoni affari ci sono i 'giardinieri' capaci di trasformare pochi metri quadrati di balcone o terrazzo in una piccola oasi verde metropolitana.

Nelle città, dove di anno in anno cresce la passione per piante e fiori, chi può disporre di uno spazio esterno spesso non si accontenta più di arredarlo con qualche vaso di gerani o di petunie: vuole trasformarlo in un vero e proprio giardino pensile, dove, se possibile, ricavare uno spazio per pranzare e rilassarsi... magari con il suo angolo di orto/frutteto.
Anche questa tendenza può dunque tradursi in un'interessante opportunità di lavoro (che comporta, tra l'altro, un investimento finanziario davvero minimo), a patto di avere, naturalmente, una buona conoscenza della materia, una discreta esperienza e un collaudato 'pollice verde'. Bisogna anche essere in grado di capire quali piante possono soddisfare il gusto del cliente e si adattano al contesto in cui vive.
Corsi base di floricoltura e lezioni di progettazione dei terrazzi si possono seguire presso la Scuola di Monza (www.monzaflora.it) o l'Alta scuola Flora 2000 di Bologna (www.flora2000.it).

### La 'pecora in affitto'

La fantasia degli 'ecoimprenditori' sembra davvero illimitata... Nel quadro di una rinnovata attenzione per la natura, qualcuno ha pensato perfino di noleggiare una pecora o una capra 'tosaerba', per rasare l'erba in giardino o ripulire un terreno da erbacce e vegetazione selvatica. Una pecora o una capra possono svolgere benissimo questo lavoro, mentre il classico tagliaerba a motore inquina, è rumoroso e comporta in ogni caso un certo lavoro manuale.
In America e in Francia alcuni siti offrono online questo tipo di servizio, mettendo in contatto chi ha le pecore con chi ha giardini da tosare. Una coppia di animali viene a costare più o meno l'equivalente di 10 euro al giorno, dunque neanche troppo. Il rispetto per l'ambiente è garantito e anche l'effetto estetico è sicuramente gradevole: meglio veder pascolare beatamente una pecora in giardino, che sopportare il fastidioso rumore di un apparecchio motorizzato.
E, in questo modo, si risolve benissimo anche il problema dello smaltimento dei rifiuti verdi!

### Il certificatore energetico

Un settore in rapida evoluzione e in cui non mancano nuove occasioni di lavoro è quello della certificazione energetica, imposta dalla Comunità europea e indispensabile per poter stipulare qualsiasi contratto di affitto o di compravendita di un immobile.
Questo strumento, predisposto per il controllo della quantità di energia effettivamente consumata, o che si prevede possa essere necessaria per soddisfare i vari bisogni connessi all'uso standard dell'edificio (compresi, fra gli altri, riscaldamento e raffreddamento), deve essere rilasciato da una persona che assicuri indipendenza e imparzialità di giudizio, ai sensi degli articoli 359 e 481 del Codice penale. Non può quindi trattarsi del progettista o del direttore dei lavori a cui è stata affidata la costruzione o la ristrutturazione dell'immobile.
Fino al 2012 il proprietario poteva autodichiararsi in classe G (la peggiore), ma in seguito questa possibilità è stata definitivamente abolita e ora è indispensabile rivolgersi a un tecnico qualificato, che possa garantire la correttezza e l'imparzialità della valutazione. Nominato dal committente o dal proprietario dell'immobile, il certificatore effettua una 'diagnosi' dell'edificio, per poi compilare l'attestato finale, con la classe energetica di appartenenza (simile a quella che siamo abitati a vedere su lavatrici e frigoriferi).
In Italia manca ancora un'omogeneità normativa e le direttive nazionali non contemplano le metodologie di calcolo per la certificazione, lasciando spazio a una difformità di criteri per la qualifica degli operatori. Alcune realtà (per esempio l'agenzia CasaClima di Bolzano), adottando criteri più stringenti, hanno creato un marchio riconosciuto a livello internazionale. Alcune Regioni fanno riferimento alle linee guida nazionali e non hanno un albo di professionisti accreditati, altre hanno invece una propria regolamentazione e albi a cui possono iscriversi solo operatori qualificati, che abbiano requisiti e formazione professionale adeguati. Ai corsi Cened (per lo più online) per ottenere la qualifica di certificatore energetico possono accedere ingegneri, architetti, chimici, agronomi, laureati in Scienze ambientali e forestali, geometri, periti industriali, periti agrari.

Per saperne di più si possono visitare questi siti:
www.edilportale.com/formazione/corsi
www.betaformazione.com
www.agenziacasaclima.it
www.casaenergetica.it

**I negozi dell'usato, l'usato per bambini**

Armadi straripanti, ripostigli, vestiti ancora in buono stato ma passati di taglia, passeggini e giocattoli dei figli ormai grandi, libri già letti, che non si prenderanno più in mano e staranno solo lì a raccogliere polvere, videogiochi che hanno ormai stancato... A tutte queste cose si può 'regalare una seconda vita'.

Chi poi ha un bimbo sa perfettamente quanto costano attrezzature, giocattoli e abbigliamento. Nei decenni passati un atteggiamento iperconsumistico ha troppo spesso indotto mamme e papà a scartare anche oggetti e vestiti in ottime condizioni, che si sarebbero potuti usare ancora per molto tempo.

Oggi però il 'secondhand', un concetto nato nei Paesi anglosassoni, si diffonde sempre di più anche da noi, permettendo di ridurre gli sprechi e di rimettere sul mercato beni che sono già stati prodotti, il che significa, tra l'altro, diminuire l'inquinamento e aiutare l'ambiente.

L'importante è che gli abitini siano in perfette condizioni, lavati e stirati, le attrezzature pulite, integre e funzionanti, la qualità di passeggini, lettini, culle, seggioloni, camerette, giocattoli e articoli destinati all'infanzia sempre elevata.

Decine di negozi in tutta Italia - per esempio, quelli della catena Baby Bazar (www.babybazar.it) - sposano la filosofia del riciclo e del riuso, rivolgendosi sia ai genitori che vogliono vendere abbigliamento, attrezzature e giocattoli non più usati dai loro bambini (da 0 a 12 anni), sia a quelli che desiderano, ragionevolmente, acquistare di seconda mano, pagandole circa il 50% in meno, cose indispensabili, ma destinate a essere utilizzate per un periodo molto breve.

L'idea di una mamma americana
Gli articoli per la prima infanzia costano cari e durano poco, così una mamma americana si è inventata il servizio di noleggio.
Come spesso succede, una buona idea imprenditoriale nasce dall'analisi di un'esigenza pratica. Così una mamma del Colorado, per liberarsi dei giocattoli inutilizzati dai suoi figli, ha iniziato a noleggiarli alle sue amiche, che poi glieli restituivano quando i bambini li accantonavano a loro volta. Visto il notevole successo dell'iniziativa, ha creato una vetrina virtuale (www.babyplays.com), per ampliare il giro dei 'potenziali clienti' del servizio Baby Plays. In Europa altri hanno copiato l'idea, aggiungendo ai giochi anche culle, carrozzine, passeggini, seggiolini per auto.
In Italia è nato, per esempio, www.bambinigiochi.it di Fabio Marastoni, che ha acquistato all'ingrosso e sistemato in un magazzino gli articoli da noleggiare. All'inizio i genitori si sono mostrati un po' scettici, ma poi si sono resi conto che, in questo modo, potevano da un lato risparmiare, dall'altro evitare di accumulare nelle loro case (che sono sempre più piccole), nelle cantine e nei box, tanti oggetti ingombranti e ormai inutili. Il lavoro consiste nella gestione degli ordini, nella sterilizzazione degli articoli, nella preparazione e consegna/spedizione dei pacchi.
Per farsi conoscere, l'ideale è distribuire volantini negli asili, nelle ludoteche, nei giardinetti. Per conquistare i clienti non guastano poi le iniziative promozionali, come gli sconti fedeltà e il noleggio gratis o a metà prezzo in occasione dei compleanni dei bambini.

## La boutique della moda riciclata

L'ultima moda si chiama up-cycling: è l'arte di riciclare, di catturare la morbidezza di un tessuto, la meraviglia di un pizzo, l'accattivante bellezza di un bottone solitario. Significa recuperare gli scampoli di stoffe scartate dai grandi stilisti e di tessuti rimasti dalle collezioni passate, oppure cravatte, foulard e camicie da uomo, per trasformarli, assemblarli e reinventarli. Con abilità e fantasia, si possono confezionare abiti straordinari, creazioni irripetibili e diverse da tutte le altre.

Ego, l'atelier condiviso
«Non lavi, non stiri, non cuci. Il cambio di stagione e il cambio di taglia non sono più un problema».
È questa la promessa di Ego (Ecologico guardaroba organizzato), 'atelier condiviso' (www.suiteawork.it), che consente alle sue clienti di rinnovare il guardaroba tutti i giorni, senza più preoccuparsi di lavaggio, tintoria, stiratura, bottoni da riattaccare e piccole riparazioni sartoriali. Ci si va su appuntamento e, con l'aiuto di una persona che suggerisce i capi e gli abbinamenti più adatti, si scelgono i pezzi da assemblare e assortire tra loro nel corso della settimana. Li si porta a casa, li si indossa e poi, passati 7 giorni, li si restituisce per sceglierne altrettanti.
Per una donna che lavora, si occupa dei figli, cucina e tiene in ordine la casa, che quindi non ha mai tempo per lo shopping e la 'manutenzione' del guardaroba, può essere un'idea davvero geniale. Senza contare che tutti quei vestiti, invece di rimanere giorni e giorni chiusi in un armadio, vengono sempre utilizzati. Volendo, poi, gli stessi abiti, lavati, igienizzati e stirati da una tintoria specializzata, si possono riavere più avanti. Se proprio ci si affeziona, li si può anche acquistare a fine stagione, pagandoli pochissimo. Ogni collezione, sviluppata da giovani stilisti emergenti e prodotta in Italia, si articola su decine di modelli diversi, in tutte le taglie, dalla 40 alla 48.
Il servizio completo ha un costo di iscrizione iniziale e una tariffa di abbonamento settimanale.

## L'alternativa all'acqua minerale

Diversi operatori offrono soluzioni per il trattamento dell'acqua potabile, adatte a soddisfare le esigenze di famiglie e aziende, affidandosi a persone interessate a commercializzare questi prodotti. Grazie a una maggiore informazione e alla crescente cultura ecosostenibile, si sta sviluppando anche in Italia il mercato dei sistemi per il trattamento dell'acqua.
Quattro famiglie italiane su cinque acquistano ancora acqua in bottiglia, con un consumo annuo pro capite intorno ai 200 litri. Ma l'acqua imbotti-

gliata, oltre a essere molto più costosa di quella del rubinetto, è anche meno controllata, pesante e scomoda da trasportare, nonché molto inquinante, perché comporta la produzione e lo smaltimento delle bottiglie di plastica, per non parlare del traffico dei tir che le trasportano, spesso per centinaia di chilometri.

Oggi diverse aziende stanno investendo nel business del trattamento dell'acqua di rubinetto e commercializzano dispositivi che permettono di filtrarla - migliorandone il gusto, eliminando odori sgradevoli (come quello del cloro), eccesso di calcare ed eventuali sostanze organiche (virus, batteri) o inorganiche (metalli, sali disciolti) - e magari anche di refrigerarla o gasarla. L'acqua di rubinetto diventa così una valida alternativa a quella minerale. Chi vuole saperne di più, può visitare, per esempio, il sito www.h2oroblu.com.

## Altri lavori amici dell'ambiente

- **Manager eco-stratega, esperto di eco-marketing:** interviene sulla filiera dei processi produttivi e sulle leve del marketing (dall'efficienza energetica alla riduzione delle emissioni, dall'analisi delle aspettative dei consumatori alla comunicazione), in modo da dare un valore aggiunto all'azienda e incrementare le ricchezze del territorio, unendo sostenibilità ambientale e competitività sul mercato. Il mercato degli eco-prodotti è in crescita e i margini sono buoni, ma il marketing 'verde' è ancora poco sviluppato.
- **Energy manager:** all'interno di un'azienda o di un ente pubblico si occupa di raccogliere e analizzare i dati sui consumi energetici, nonché di promuovere un uso efficiente dell'energia.
- **Eco-cool hunter:** il 'cacciatore' di tendenze ecologiche studia attentamente la società, frequenta i convegni e le fiere di settore, per cogliere i nuovi trend a proposito di materiali e processi produttivi ecosostenibili, da mettere al servizio dell'industria per la realizzazione di progetti originali e innovativi.
- **Avvocato ambientale:** in un mondo sempre più attento all'ecologia, molte aziende avranno bisogno di consulenze in materia 'verde'.

- **Esperto nel commercio di prodotti riciclati:** conosce i materiali riciclabili, il loro possibile riutilizzo e il loro valore.
- **Architetto o ingegnere esperto di green building:** opera nei settori dell'edilizia privata o delle opere pubbliche e conosce bene i materiali ecoefficienti, l'efficienza energetica degli impianti, le tecnologie e le procedure 'verdi', le normative di settore (per esempio, le certificazioni che consentono di accedere agli sgravi fiscali). Qualcuno riesce anche a 'inventare' nuove soluzioni, addirittura avveniristiche, come Italcementi, l'azienda che produce un particolare tipo di cemento, addizionato con biossido di titanio, che, attraverso un processo fotovoltaico, riduce le sostanze nocive e inquinanti nell'aria.
- **Eco-designer:** concilia design e nuove tecnologie con materiali e soluzioni ecocompatibili. Sempre più spesso i progetti di designer e artisti partono da materiali ecologici e riciclati, oppure concepiscono gli oggetti di arredamento in modo che, alla fine del loro ciclo di vita, abbiano ancora una seconda possibilità. Per il momento, gli esempi di eco-design non sono moltissimi, ma, se la sostenibilità deve diventare cultura diffusa e stile di vita, sarà necessario produrre consumando sempre meno energia e meno materiali.
- **Esperto di energie rinnovabili:** si occupa di energia solare ed eolica, di biomasse e di recupero energetico dei rifiuti.
- **Progettista o installatore di impianti fotovoltaici:** vista la crescente domanda di energie alternative da fonti rinnovabili, sono senza dubbio le professioni del futuro.
- **Eco-agente immobiliare:** oggi nel mercato della casa l'ecocompatibilità rappresenta una discriminante fondamentale, perché garantisce notevoli risparmi sulle bollette e un maggior valore dell'immobile stesso al momento di rivenderlo. Per molti potenziali clienti può essere uno dei criteri di scelta importanti e il mediatore deve essere preparato anche su questo argomento.
- **Eco-chef:** responsabile della cucina e degli approvvigionamenti, organizza queste attività con la massima efficienza, in modo da conseguire sensibili

risparmi economici ed energetici. Crea menù basati su materie prime provenienti da produzioni locali, tipiche, di qualità, biologiche, tenendo conto anche del loro impatto ambientale.

- **Stilista verde:** per le sue creazioni utilizza materiali riciclabili e/o riciclati. Li recupera, li taglia, li applica, li modifica, li trasforma, li rivitalizza. Inventa abiti originali, rielaborando creativamente quelli vintage di particolare fascino per il taglio sartoriale d'altri tempi, le stoffe pregiate o il colore irresistibile. Oppure realizza capi prodotti con materiali naturali e tecniche tradizionali.
- **Guardia forestale o carabiniere del Noe:** il corpo forestale si occupa di forestazione, cura dei boschi e difesa del territorio, mentre il Nucleo operativo ecologico è impegnato nella lotta contro i reati ambientali.

La svolta della bioedilizia

«Fare bioedilizia - dice Massimo Berveglieri, imbianchino, decoratore - significa costruire edifici fatti per durare e garantire il benessere di chi li abita, con materiali naturali e a basso impatto ambientale. Esattamente quello che l'uomo ha fatto da sempre, ma che, con l'avvento dell'era moderna e del petrolio, è stato dimenticato, a favore della chimica. Conoscenze ed esperienze di secoli sono purtroppo andate perdute, perché gli artigiani edili erano in gran parte analfabeti: tutto veniva tramandato verbalmente, in cantiere, da mastro a manovale. Così, anche oggi i migliori restauratori a volte fanno fatica a capire i procedimenti che sono stati adottati per alcune tecniche costruttive e pittoriche.

«Se per bioedilizia intendiamo l'utilizzo di prodotti naturali, posso dire di metterla in pratica da cinquant'anni, cioè da quando, ancora ragazzo e senza conoscere il significato di questa parola, tinteggiavo con il grassello di calce, insieme al mio vecchio datore di lavoro. Dopo qualche anno ho frequentato alcuni corsi specifici (tecniche di chiaro-scuro, finto marmo, finto legno, filettature, decorazione a mano libera, ecc.) alla Scuola edile di Ferrara Euspe (da allievi, siamo poi diventati a nostra volta insegnanti della scuola). Il mio collega Marco seguiva invece corsi mirati alla struttura (conoscenza e lavorazione a lima del mattone a pasta molle, uso della calce naturale, strutture in legno, ecc.). Nella nostra provincia avevamo sempre faticato a trovare tecnici che avessero le nostre stesse idee e una conoscenza dei metodi naturali, ma spesso ci chiamavano i privati, più attenti a questi aspetti.

«Quando poi abbiamo conosciuto Anab (Associazione nazionale architettura bioecologica, www.anab.it) ci si è aperto un mondo: finalmente conoscevamo altri che vedevano le cose nel nostro stesso modo (o, come dice qualcuno, altri matti come noi). Con Anab abbiamo conosciuto l'uso della canapa in edilizia. Inizialmente abbiamo partecipato a un corso, constatando che non c'era niente di nuovo, se non l'uso della calce naturale con questo materiale (la canapa), così abbiamo unito le vecchie tecniche, di cui siamo piuttosto pratici, con la nuova miscela.

«Nel corso successivo hanno fatto fare lezione a noi, e ora siamo entrambi formatori Anab per queste applicazioni. Dopo aver appreso la tecnica della costruzione con balle di paglia (una cosa che, del resto, facevamo già da ragazzi, quando aiutavamo i nonni o gli zii a chiudere il fienile) abbiamo fatto una casa di paglia a Fortunago (PV), portando le nostre competenze. Dopo questo cantiere, siamo stati contattati diverse volte da tecnici che ci chiedono consigli: ci fa molto piacere, perché possiamo tramandare ad altri qualche cosa di utile.

«Spesso collaboriamo negli stessi cantieri, perché nei cicli applicativi deve esserci continuità di metodi e materiali: applicando prodotti 'moderni', l'imbianchino vanifica l'intervento del muratore, che magari ha seguito un percorso di risanamento o di restauro conservativo. Facciamo intonaci e/o finiture con terra o terrapaglia. L'uso dell'argilla, o terra cruda, nelle costruzioni è forse la cosa più antica conosciuta dall'uomo e oggi la si sta finalmente riscoprendo: è sana, regola l'umidità degli ambienti, abbatte gli inquinanti, diventa un volano termico e igroscopico, ecc. I materiali naturali sono fatti per durare nel tempo e oggi, se applicati correttamente, sono fra i migliori amici dell'uomo e del risparmio energetico, a basso impatto ambientale e a km zero. Utilizzandoli, si può

aiutare l'agricoltura, si sequestra $CO_2$, si consuma meno e si vive tutti meglio!
«Siamo molto soddisfatti di aver intrapreso questa strada e posso affermare che, nell'attuale momento di crisi, il lavoro è calato per tutti, ma il nostro è forse l'unico settore dell'edilizia che si sta muovendo. Stranamente però è sempre più il privato che, mostrando una sensibilità superiore ai tecnici, ci richiede l'uso di materiali naturali. Per farci conoscere da un pubblico più ampio, siamo anche su Facebook e su Linkedin».

## I lavori del turismo sostenibile

Le previsioni economiche indicano il turismo come principale ambito di business del terzo millennio, ma, proprio per questo, sarà molto importante prevenire lo sviluppo insensato di un modello turistico a elevato impatto ambientale (costruzioni architettoniche slegate dall'ambiente che le ospita, eccedenza di rifiuti, perdita di identità storica e culturale dei luoghi), garantendo invece il rispetto della natura, della biodiversità e delle culture territoriali. Natura e cultura sono gli elementi centrali su cui si basa il concetto di turismo sostenibile.

### Gestire un agriturismo bio

L'agriturismo è una formula molto apprezzata da quanti vogliono sfruttare le vacanze o i weekend per riposarsi in campagna, lontano dalla pazza folla, per venire in contatto con chi conosce la natura e ha fatto una scelta ambientalista, per degustare e acquistare direttamente dai produttori cibi sani o per provare l'emozione di assaporare (anche senza lavarlo) un frutto maturato sull'albero e appena raccolto. In questo settore, la produzione di alimenti biologici da mettere in tavola e vendere agli ospiti è oggi uno dei fattori chiave di successo. Oltre un quarto delle aziende agrituristiche italiane pratica ormai l'agricoltura biologica, in qualche caso seguendo addirittura le regole (ancora più rigide per quanto riguarda il rispetto dell'ambiente e dei cicli della natura) dell'agricoltura biodinamica, enunciate dal filosofo Rudolf Steiner negli anni '20 del secolo scorso. La sinergia tra agricoltura biologica e agriturismo offre senza dubbio l'opportunità di una migliore remunerazione dei prodotti, attraverso la vendita diretta e la somministrazione con la ristorazione agrituristica. Dal canto loro, i turisti si aspettano generalmente di trovare nella struttura di cui sono ospiti alimenti tradizionali e genuini, meglio ancora se biologici. Attraverso l'attività agrituristica, l'azienda agricola può non solo valorizzare, direttamente e da vicino, la qualità di ciò che produce, ma anche contribuire all'educazione nel lungo periodo del consumatore, che sarà così stimolato a preferire il biologico tutto l'anno.

Per saperne di più, si possono visitare questi siti:
www.agriturismibio.it
www.agriturismibiologici.net
www.bioguida.it

### Gestire un rifugio di montagna

Un tempo erano semplici bivacchi, campi base da cui partire per raggiungere le cime. In molti non c'era neppure la corrente elettrica, né l'acqua corrente, ma solo una fontana all'esterno. L'illuminazione era a gas: una lampada che illuminava appena appena.
Oggi invece i rifugi di montagna rappresentano mete turistiche capaci di attirare un gran numero di escursionisti, più simili a confortevoli alberghi d'alta quota che agli spartani ostelli degli scalatori. Rimangono magari le camerate con i letti a castello, dove possono alloggiare i gruppi, ma affiancate da camere a quattro e a due letti. Sempre più spesso poi all'alta quota si associa anche l'alta cucina. Di solito però in questi luoghi è importante offrire agli ospiti anche l'opportunità di scoprire la cultura della montagna, attraverso iniziative, conferenze, proiezioni di fotografie. Bisogna conoscere bene tutte le montagne intorno, i sentieri, le passeggiate, i fiori e gli animali... le difficoltà che si possono incontrare. Bisogna saper ascoltare e consigliare le persone, essere in grado di dare informazioni sulle condizioni della neve o del ghiacciaio, essere ben informati sugli interventi di soccorso

alpino. Bisogna saper cucinare (perché non sempre c'è un cuoco a disposizione), fare le pulizie, mantenere tutto ordinato e pulito, dentro e fuori. Bisogna essere disposti a iniziare il lavoro la mattina molto presto, perché chi va in montagna magari si alza all'alba e fa colazione alle 6 o alle 7 (la sera invece si va a dormire intorno alle 22, e tutti devono rispettare il sonno degli altri). A volte, quando qualcosa non funziona, bisogna anche arrangiarsi a fare piccole riparazioni. Se non si hanno nozioni alpinistiche e naturalistiche, l'essere residente nella valle in cui si trova un rifugio non basta. Se per esempio l'itinerario per raggiungerlo è pedonale, soggetto a valanghe nei mesi invernali e primaverili, bisogna essere guida alpina. Insomma, il gestore ideale è qualcuno che conosce molto bene la zona, membro del soccorso alpino e guida alpina.
Per fare questo lavoro, è comunque necessario superare un esame, che prevede anche nozioni di pronto intervento: se accade un incidente a un escursionista bisogna essere in grado di raggiungerlo e prestargli i primi soccorsi. Bisogna poi essere in possesso dei requisiti per le attività di accoglienza e somministrazione.
Oggi la maggior parte dei rifugi ha anche il suo sito internet, che serve sia a farsi pubblicità, sia a comunicare periodi di apertura e servizi offerti.

Ulteriori informazioni si possono trovare, come sempre, su internet, visitando, per esempio, i siti:
www.cai.it
www.rifugi-bivacchi.com
www.rifugi.lombardia.it

**Organizzare e guidare i turisti 'in cammino'...**

C'è un modo di viaggiare che consiste nell'essere trasportati passivamente da un aeroporto all'altro, per arrivare il prima possibile sul luogo dove la vacanza verrà 'consumata'. La graduale conoscenza dei territori, l'imprevisto e la sorpresa della novità, la fatica dell'impresa e la dimensione interiore qui non trovano spazio. Ma oggi tante persone, di tutte le età, scelgono invece di aprirsi lentamente al mondo, di riscoprire le proprie possibilità corporee, di risvegliare le sensazioni che si provano a contatto con la natura, imboccando un sentiero o addentrandosi in un bosco. Molte tradizioni legano anche il camminare alla meditazione, alla ricerca interiore, al tentativo di acquisire una nuova spiritualità, così come la pratica del pellegrinaggio nel mondo cristiano era legata alla preghiera.

Il viaggio che si fa a piedi, entrando come ospiti discreti e rispettosi in un ambiente naturale e nella comunità umana che lo abita, è senza dubbio il più 'ecologico'. La 'guida ambientale escursionista' è la persona che, accompagnando un piccolo gruppo di 'ecoturisti', li aiuta a scoprire i tesori nascosti di una realtà autentica. In questa professione contano soprattutto l'attitudine a gestire un gruppo, la profonda e radicata conoscenza del territorio, la capacità di rivestire il ruolo di mediatore culturale tra chi lo abita e chi lo attraversa. La maggiore organizzazione italiana del settore, presente in tutte le regioni italiane, è l'Associazione italiana guide ambientali escursionistiche (www.aigae.org).

Alcune agenzie turistiche particolarmente innovative puntano proprio sul target dei turisti 'in cammino'.

Le proposte di trekking in ambienti naturali e viaggi a piedi per chi cerca profondità, consapevolezza, sobrietà e disintossicazione si trovano, per esempio, sui siti:

www.movimentolento.it
www.cammini.eu
www.deepwalking.org
www.waldenviaggiapiedi.it

Questi siti riportano la programmazione delle camminate, quanto mai ricca e varia, facendo esplicito riferimento ai principi del turismo responsabile. Viaggiando in questo modo, si valorizzano gli aspetti naturalistico, esperienziale e terapeutico del camminare, andando alla scoperta dei parchi in punta di piedi, in Italia e all'estero.

In alcuni casi, si sperimentano anche tecniche di meditazione, si legge, si praticano l'ascolto, l'empatia e la condivisione. I pasti sono il più possibile vegetariani e, in generale, si cerca di essere attenti a tutti gli aspetti ecologici, di turismo responsabile, di scelte che non facciano male alla Terra, dormendo magari ai piedi di alberi centenari, imbattendosi negli animali selvatici, annusando i fiori, toccando le rocce. Si percorrono i sentieri, con lo zaino sulle spalle, si dorme sotto il cielo, in tenda o in rifugio, si mangia in trattorie tipiche oppure si cucina tutti insieme attorno al fuoco... Altre volte l'itinerario si snoda tra borghi, castelli, conventi e chiesette, lungo stradine di campagna e vie percorse da pastori, pellegrini, cacciatori e viandanti nel corso dei secoli.

Somariamente: il trekking con gli asinelli

Riprendendo l'uso di una casa di famiglia, che avevano rilevato vent'anni prima, nel 1994 Martina Merlo e Francesco Pittoni si sono trasferiti a Montorfano, una minuscola frazione di Mergozzo (in provincia di Verbania), che si sviluppa lungo un corso d'acqua e intorno a una splendida chiesa romanica, circondata da boschi e terreni sempre troppo sporchi. Nelle loro intenzioni iniziali, l'asino avrebbe dovuto aiutarli a tenere puliti i boschi e a portare a casa la legna: senza asini una ditta appaltatrice per la manutenzione del verde affrontava metri di rovi con macchine infernali, tagliava il grande prato e dopo un mese era tutto come prima. Grazie agli asini invece l'impresa lavora molto meno, il terreno è libero da rovi e piante infestanti, il pratone intorno alla chiesa è sempre pulito. Quando però sono arrivati i primi due, Betty e Menta, da animali 'rasaerba ecologici' sono subito diventati amici veri, curiosi e affezionati, molto docili e sempre allegri. Dopo qualche mese Betty (Bettona per gli amici) ha partorito, facendo tutto da sola: il piccolo Rosmi è uscito dalla stalla, pulito, asciutto e saltellante.

Un parto dopo l'altro, il numero degli asinelli è cresciuto ed è nata così l'associazione Somariamente (www.montorfano.org), con l'obiettivo di organizzare situazioni di gioco, di intrattenimento e, dopo il conseguimento della certificazione di guide escursionistiche ambientali, anche itinerari turistici in compagnia dei simpatici morbidosi orecchielunghe. Del resto, il 'trekking someggiato' alla scoperta del territorio è una realtà già ben avviata in alcune regioni italiane.

Per non dire che l'asino e il suo mantenimento sul territorio portano a recuperare un'antica tradizione di ritmi e stili di vita: oltre che essere un tosaerba assolutamente ecologico, il quadrupede rappresenta un aiuto prezioso per la manutenzione dei sentieri e il recupero di aree boschive, che sarebbero altrimenti del tutto abbandonate. Tranquilli, rassicuranti e capaci di stabilire relazioni positive con le persone, questi animali vengono attualmente impiegati anche per attività didattiche o di pet therapy rivolte a bambini e ragazzi.

**La guida ambientale escursionistica**

È una professione in cui bisogna saper coniugare la capacità di gestire un gruppo con la profonda conoscenza del territorio. Competenze che solo in parte si imparano a tavolino.

Il viaggio più ecologico è quello che si fa a piedi, entrando come ospiti discreti e attenti in un ambiente naturale e facendo conoscenza con la comunità umana che lo abita. Però non è facile farlo da soli: certe porte vengono aperte solo quando chi bussa ha un volto già conosciuto.

L'accompagnatore di viaggi a piedi (ufficialmente 'guida ambientale escursionistica') è una figura relativamente nuova nel panorama dei lavori verdi. In assenza di una legge quadro nazionale, la professione è regolamentata a livello regionale. La formazione offerta alle guide dai corsi regionali è molto disomogenea. E per diventare accompagnatori di turismo ecologico non basta sostituire gli spostamenti in autobus con quelli a piedi: si può fare da guida in un territorio solo se vi si hanno radici, se si è in grado di essere una sorta di 'mediatore culturale' tra chi lo abita e chi lo attraversa.

Un punto di riferimento per addentrarsi in questa materia può essere l'Associazione italiana guide ambientali escursionistiche (www.aigae.org), la più importante organizzazione italiana del settore, che riunisce chi accompagna

in natura i turisti, illustrando loro le caratteristiche ambientali e culturali dell'area visitata. Per poter svolgere questa attività è comunque indispensabile conoscere palmo a palmo il territorio che si attraversa insieme ai viaggiatori e la sua collettività. Solo in questo modo le guide possono mostrare l'autenticità dei luoghi in modo ben diverso dai pacchetti turistici abituali.
Per saperne di più, visitate il sito dell'associazione La Compagnia dei Cammini (www.cammini.eu).

## La guida alpina

È la figura professionale riconosciuta a livello nazionale e internazionale come unica competente in grado di garantire una corretta e serena frequentazione della montagna, anche in termini di sicurezza. Presente sul territorio montano in ogni stagione dell'anno, opera nell'ambito di diverse attività: alpinismo, arrampicata su roccia, cascate di ghiaccio, freeride, sci alpinismo, escursionismo, vie ferrate. Il suo compito è quello di accompagnare chi si accosta alla montagna, contribuendo a farla conoscere nei suoi molteplici aspetti.
L'esperienza, le conoscenze tecniche, scientifiche e didattiche, la familiarità con l'ambiente in cui si muove consentono alla guida alpina di trasmettere non solo competenze, parametri di comportamento, capacità di orientamento, ma anche il valore primario della relazione profonda e consapevole con la natura. La sua presenza rappresenta inoltre un costante monitoraggio che limita i danni ambientali.
Le qualità necessarie per intraprendere questa professione - che in Italia conta oltre 1600 figure operative e che porta gli alpinisti sulle più alte cattedrali di roccia del pianeta - sono senso dell'orientamento, esperienza, forza fisica, pazienza, senso di responsabilità e di condivisione, passione per l'ambiente montano e per le vette.

Il Collegio nazionale delle guide alpine italiane (www.guidealpine.it) ha sede a Milano in via Petrella 19/C, tel. 02 29414211, fax 02 205723240, email segreteria@guidealpine.it.

# Inventarsi un lavoro per cambiare vita

*Ma perché inventarsi un lavoro, se il lavoro già c'è? Forse perché la mattina il solo pensiero di dover trascorrere otto ore chiusi in ufficio sembra insopportabile. Perchè quello che si sta facendo non interessa, perché ci si rende conto che quel tipo di lavoro non soddisfa (più) le proprie aspettative. Perché in quell'ambito non si ha più la voglia di trovare soluzioni, di fare proposte, di sviluppare nuove idee. Perché si dimenticano gli impegni e si commettono troppi errori. Perché ci si sente poco motivati, inefficienti, apatici, addirittura inutili. Perché ormai anche rispettare le regole è diventato troppo faticoso. Perché mal di stomaco, di testa, di schiena avvisano che si sta somatizzando un disagio crescente. Perché il capo è francamente insopportabile. Perché pettegolezzi e antipatie tra colleghi rendono l'atmosfera davvero pesante. Perché lo stress ha raggiunto il livello di guardia. Perché... si sogna a occhi aperti di cambiare.*

Ci sono tante storie che lo testimoniano, alcune ormai note, come quella di Simone Perotti, altre sconosciute, ma non meno interessanti, come quella della ricercatrice universitaria che ha deciso di lasciare il suo lavoro per coltivare la passione per i dolci, in particolare per le torte decorate (dopo aver frequentato una scuola londinese molto selettiva, è tornata in Italia e si è buttata nella nuova avventura). O quella di una giovane donna, laureata in Informatica, che ha lasciato l'insegnamento per andare a vivere in montagna e dedicarsi alla lavorazione del feltro.

La svolta di un manager appassionato di vela e di scrittura

Simone Perotti ha dato una svolta alla sua vita, assecondando i suoi interessi più autentici: ha lasciato la città (Roma e Milano) per trasferirsi in Val di Vara, nell'entroterra ligure. Aveva fatto per vent'anni il manager, ma la mattina molto presto scriveva romanzi, mentre nella pausa del pranzo, nelle feste, in ogni altro momento utile, organizzava corsi di vela e uscite in barca. A un certo punto però si è reso conto che quella carriera, anche se ricca di soddisfazioni, non era più fatta per lui: aveva bisogno di altro, di dedicare più tempo alle sue passioni, di cambiare e riscoprire la 'vita vera'. Ora scrive e naviga. «Scrivere è la mia vita, navigare il mio sostentamento», dice.

Ora cerca di consumare poco, di accontentarsi, di cercare l'equilibrio. Vive vicino al mare, in una casetta di pietra che ha ristrutturato da sé. La riscalda con la legna che lui stesso taglia e spacca. Ha fatto i mobili con il legno trovato nel bosco. Coltiva il suo orto e riesce a vivere con poche centinaia di euro al mese. Per guadagnarli lava le barche degli altri, fa manutenzione, aiuta in porto... Costruisce e vende pesci di legno e ferro zincato, fa sculture di legno e ardesia, fa lo skipper, l'istruttore di vela e la guida turistica per i vacanzieri americani. Scrive articoli per qualche giornale e, naturalmente, i suoi romanzi. Vive così per sentirsi libero, per godersi un tempo tornato finalmente lento e tutto suo, per cambiare, perché il cambiamento fa parte dell'avventura della vita, per vivere altre vite, anche se la sua era già bellissima. «Ora però - dice - è meravigliosa». Sulle gioie del cambiamento ha anche scritto due libri: *Adesso basta* e *Avanti tutta*.

Il ristorante Ad Maiora di Massimo Prati

L'idea gli è venuta durante una vacanza a New York, sentendo, incredulo, un gruppo di turisti affermare con grande convinzione che il miglior ristorante della città era McDonald's. Tornato a Milano, comincia a visitare locali, fingendosi interessato all'acquisto, finché non capita in quello che è ora il suo regno: un posto piccolo, a misura d'uomo. Scatta così la decisione di mollare l'azienda di famiglia, da sempre impegnata nel settore informatico, cambiare vita e darsi alla ristorazione. La passione era nata molto tempo prima, quando, ancora bambino, si incantava a guardare mamma e nonna, entrambe emiliane, che facevano la pasta in casa e chiudevano i tortelli, nella calda atmosfera della tradizione culinaria italiana. Da 'grande' aveva seguito corsi di sommellier e di cuoco, ma non era mai entrato nella cucina di un ristorante. Per esercitarsi, invitava gli amici a cena.

Il suo amore per la buona cucina si esprime in mille preparazioni diverse, nella scelta accurata delle materie prime (preferibilmente nostrane), nella rivisitazione di ricette tradizionali (si diverte a giocare con le consistenze, ma senza cambiare i sapori), nell'invenzione di abbinamenti particolari (ravioli ripieni di asparagi e robiola, con patata viola; paccheri con puntarelle, alici di Cetara e briciole; budino di pecorino con carciofi e rotolo di sfoglia; crostata di mele, carote e barbabietole, con spuma di yogurt alla vaniglia e riduzione di Bitter Campari). L'amore per la sua nuova attività si esprime nella grande attenzione al cliente: pochi coperti, pasta e pane fatti in casa, offerta di spumante di benvenuto, di pre-appetizer e di piccola pasticceria. La trovata originale si chiama invece Byob (Bring Your Own Bottle): chi si porta il vino preferito direttamente da casa paga solo un piccolo 'diritto di tappo'.

Oggi la lunga giornata di Massimo trascorre tra mattina al mercato, mezzogiorno e sera ai fornelli, dopocena in compagnia dei clienti, per chiacchierare, raccogliere opinioni sul cibo e ascoltare consigli (che poi annota diligentemente in un 'quadernetto dei segreti'). Felice e soddisfatto della sua nuova attività, ha anche la gioia di condividere questa passione con la moglie Denise, che di giorno lavora per una multinazionale e la sera lo affianca in cucina.

«Con molto impegno e grandi sacrifici - dice, giustamente orgoglioso - abbiamo raggiunto alcuni risultati importanti, come una 'forchetta' sulla guida *Gambero Rosso 2012* e l'essere annoverati tra i primi cinquanta ristoranti milanesi per la guida *I Cento di Milano 2013*.

Dalle assicurazioni alla scuola di poesia

Laureata in Filosofia, Anna Lamberti-Bocconi aveva fatto traduzioni e revisioni editoriali di ogni genere, aveva scritto libri, articoli, tesi di laurea e perfino testi di canzoni, aveva dato lezioni di chitarra e lavorato come interprete per la Polizia. Finché un'amica, titolare di un'agenzia di assicurazioni, trovandosi allo scoperto con le impiegate, una in maternità e l'altra licenziatasi, le ha offerto un 'vero' lavoro, con tanto di assunzione a tempo indeterminato.

«Impiegatucola di assicurazioni, come Kafka, Pessoa e Italo Svevo, mi ripetevo come un mantra, per farmi coraggio. È stato un vero disastro, non avevo proprio la testa per quel lavoro. L'ostilità da parte della titolare, ormai diventata ex amica, cresceva di giorno in giorno: avevo sicuramente deluso le sue aspettative, perciò non mi sopportava più. Lo stipendio, da part time, non mi permetteva nulla se non la sopravvivenza, mentre il tempo libero che avevo era bruciato da una continua stanchezza e dall'impossibilità di impostare altri progetti. Mi sentivo in trappola e ho iniziato a dare vistosi segni di cedimento».

All'alba dei 40 e passa anni, senza nessuna specializzazione particolare, se non il fatto di essere una donna sveglia e acculturata, Anna trova il coraggio di rinunciare a un tranquillo lavoro pomeridiano, dignitoso, sicuro, vicino a casa, e decide di mollare tutto per dedicarsi solo alla poesia e ai corsi di scrittura poetica (lambertibocconi.blogspot.com). Ai laboratori di poesia si sono poi affiancati seminari di scrittura autobiografica. In entrambi i casi i risultati sono ottimi, gli allievi si sciolgono, diventano bravi, il gruppo cresce e sprigiona la sua energia.

«Insegno tecnica e spirito, per conto mio affino la didattica, maturo e propongo nuove idee - spiega Anna - ho perfino affittato una casa in montagna per poter svolgere seminari residenziali, che io chiamo 'laboratori-vacanza': si sta bene e si scopre che un altro mondo è possibile. Per ora è ancora dura, ma, pur non avendo particolare abilità nella promozione (se fosse per me non avrei neanche voglia di farmi pagare), cerco di diventare manager di me stessa».

## Inventarsi un lavoro per fare la mamma

Spesso il desiderio (o la necessità) di cambiare attività e stile di vita scatta quando nasce un bambino. Non per niente, la maternità rimane il primo motivo per cui si abbandona il lavoro: 3 lavoratrici su 10 si dimettono per occuparsi della famiglia e anche quelle che invece riprendono, in un caso su 5 lasciano dopo il primo anno di vita del figlio. Si tratta per lo più di donne provenienti da aziende di piccole o piccolissime dimensioni, che hanno una rete parentale inadeguata o comunque insufficiente a supportarle in un momento così delicato.

Rientrare al lavoro dopo una maternità è sempre una scelta difficile, anche a causa di una carenza strutturale di sostegno e aiuti. Alzarsi presto, preparare la colazione, svegliare il bimbo, dargli la pappa, vestirlo, portarlo al nido, lavorare, correre a riprenderlo al nido, rientrare stanche e stressate in una casa in condizioni pietose, lavarlo, metterlo in pigiama, preparare la cena, cenare, mettere a dormire il piccolo, sistemare la cucina... una vera corvée, che non tutte si sentono di affrontare quotidianamente per anni, coinvolgendo tutta la famiglia (in primis i bambini) in un ritmo che può diventare davvero infernale.

Per non dire che, se si decide di non mollare la carriera, i sensi di colpa sono sempre in agguato. La paura, nascosta e irrisolvibile, è sempre la stessa: il mio bambino può avere bisogno di me e io non ci sono. In più, molti casi di discriminazione sul posto di lavoro riguardano proprio le donne al rientro dai congedi parentali: è un atteggiamento conseguente al preconcetto che la lavoratrice madre diventi una persona inaffidabile, di cui è meglio sbarazzarsi con ogni mezzo.

Di fronte alla prospettiva di correre senza sosta, con il timore di non fare mai abbastanza, non è raro che la neomamma cominci a pensare a una soluzione alternativa.

Certo non è facile, ma, come dimostra la storia di Sara, l'arrivo di un bebé può essere un fortissimo stimolo per rimettersi in gioco, studiare, fare un percorso di crescita personale, con l'obiettivo di inventarsi un lavoro 'a misura di mamma'.

## Sara: una scelta di consapevolezza

All'età di 21 anni, Sara aveva già 'cambiato direzione' una volta, abbandonando il posto fisso di segretaria in uno studio legale per seguire un corso di aerobic-step. Il suo primo corso... poi il suo nuovo lavoro, in piscina e in palestra. Da allora non si è più fermata. Corsi di aggiornamento e varie qualifiche le hanno consentito di raggiungere l'obiettivo di fare sport e stare con le persone, senza orari fissi e gestendo il lavoro con grande libertà. Ha deciso di specializzarsi come personal trainer per neomamme più tardi, quando è rimasta incinta, e ora è pienamente soddisfatta di questa scelta, perché da un lato riesce a dedicare il giusto tempo a ogni singola cliente (un primo incontro gratuito, di circa un'ora, le serve per capire, anche tra le righe, di che cosa ha realmente bisogno), dall'altro può seguire la sua bambina, rispettandone i ritmi, senza costrizioni di orario.

«Nei nove mesi di attesa - racconta - avevo già rallentato il ritmo, perché sentivo la necessità di sintonizzarmi con la bambina che si preparava a nascere. All'inizio di novembre ho salutato le mie allieve, promettendo che sarei tornata da loro in marzo. A marzo... beh, ero nel caos più totale! La verità è che nessun corso preparto e nessun libro ti prepara davvero a ciò che sarà il menage familiare a tre. Per una donna dinamica come me, sempre fuori casa, trovarsi giorno e notte a disposizione di un esserino urlante è stato proprio un bel cambiamento. Quando allattavo la mia piccola, mi sdraiavo accanto a lei e mi trovavo a pensare. Mi domandavo come mai le donne, in un momento così bello, ma anche così complicato della loro vita, siano lasciate sole, come mai vengano spesso criticate se decidono di allattare a lungo e di rispondere in modo sollecito alle richieste dei loro piccoli. Soprattutto se decidono che, invece di rientrare al lavoro, preferiscono passare almeno il primo anno con i propri cuccioli, senza delegare ad altri la loro cura. Così ho iniziato a studiare tante cose che, nella frenesia del lavoro, non ero mai riuscita ad approfondire. Non sono una psicologa o un medico, né un'ostetrica o una doula, ma, come istruttrice fitness, posso insegnare alle mamme che il benessere fisico passa innanzitutto da quello mentale e che la preoccupazione di tornare in forma dopo il parto va inserita nel nuovo contesto che si trovano a vivere. Quello di mamma! Io le affianco con fitness e wellness studiati appositamente per loro, stretching, rilassamento muscolare, tonificazione, anche con l'uso della respirazione consapevole (importantissima per migliorare la prestazione fisica). Ho poi messo a punto un programma che possa adattarsi a tutte le donne: preparo le schede di allenamento in base alle esigenze personali, alla disponibilità di tempo ed economica di ciascuna. Sto seguendo anche un corso di consulente per l'allattamento, perché nei miei incontri mi sono resa conto che questo è un punto importantissimo, ma foriero di dubbi, pregiudizi e falsi miti. Volevo essere più informata, per sapere che cosa dire a questo proposito e, soprattutto, come dirlo, per aiutare le mamme a superare il senso di inadeguatezza (esplicita e non) che spesso le travolge (uno stato d'animo negativo anche per il loro recupero psicofisico). Con l'inizio dello svezzamento di Alice, ho voluto approfondire il tema dell'alimentazione, del 'sentire' in modo consapevole che cosa si mangia, perché nell'atto di mangiare ci cibiamo non solo di ciò che è fisicamente nel piatto, ma anche di ciò che lo ha portato fino a noi. E molte clienti, grazie al loro nuovo ruolo di mamme, sono più attente a questo aspetto. Altro fattore molto importante che vado a stimolare con il mio lavoro è la costanza, perché cambiando un po', a piccoli passi, il quotidiano, si può fare davvero un salto di qualità. E trasmettere questo messaggio alle mamme è più semplice, perché si trovano già in una fase di grande cambiamento.

«Ho lavorato molto sullo studio, sul metodo e sul mio sito, che spero renda l'idea del mio lavoro (www.personaltrainerperneomamme.weebly.com), approfondendo gli argomenti che reputavo importanti. Quando Alice andrà alla materna, avrò senz'altro più tempo per gli spostamenti, al momento mi sto organizzando per portare le mie neomamme al mare: propongo una settimana (ma anche meno) con la loro personal trainer, che le seguirà, insieme ai loro cuccioli (i papà restano a casa), a livello fisico e alimentare, con un programma personalizzato. Avranno finalmente la possibilità di stare davvero con i bambini, mentre altri si occupano di tutto il resto. Sarà anche l'occasione per uno scambio di informazioni e un arricchimento reciproco».

Le clienti le arrivano per passaparola, tramite biglietti da visita lasciati alle amiche, attraverso il sito internet e la pubblicità sul mensile 'Terra Nuova'. In rete Sara ha trovato tanti blog di mamme e si è resa conto di non essere l'unica a pensare che sia importante stare con i propri figli. «Ho scoperto un mondo di donne che, una volta diventate mamme, si sono inventate una nuova vita e una nuova attività lavorativa, proprio grazie ai blog e agli shop online: le donne sono davvero una forza, sanno cambiare e sono capaci di adattarsi in modo sorprendente alle necessità. Ovviamente, poter contare su un compagno che ti sostiene e che crede in ciò che fai, occupandosi anche delle cose pratiche della casa, è di grandissimo aiuto. In questo sono davvero fortunata».

## Inventarsi un lavoro per andare via

La spinta al cambiamento è spesso legata alla scelta di un luogo che si ritiene adatto a sé, dove si vorrebbe 'rinascere'. In molti - sembra addirittura 8 persone su 10 - vorrebbero vivere in modo diverso. Alcuni sognano la grande occasione, quella che cambierà per sempre la loro esistenza, in modo improvviso e radicale, altri vorrebbero più semplicemente trasferirsi in un'altra città o in un altro Paese. Però poi, frenati dalla paura di mettersi in gioco, il più delle volte si adagiano in una routine che li annoia e li lascia insoddisfatti. Perché cambiare fa paura, la prospettiva di affrontare qualcosa di nuovo viene generalmente vissuta con ansia e preoccupazione, o, quantomeno, con molta prudenza, per il timore di perdere quello che si ha, prima di tutto la sicurezza economica. Si finisce così per accontentarsi, per convincersi che non si ha più l'età dei 'colpi di testa' o che il momento non è quello giusto... ci si nasconde dietro le responsabilità, la famiglia, i figli, a cui è doveroso sacrificare le proprie aspirazioni. Eppure il cambiamento è l'essenza stessa della vita!

Alcuni luoghi appartengono forse ai sogni, ma altri sono concretamente a portata di mano, se solo si è pronti a cambiare punti di riferimento, amicizie, abitudini... I cambiamenti radicali possono anche fare paura: proprio per questo richiedono tempo. L'altrove è anche un altro luogo della mente, il trasferimento impone di riflettere su che cosa lasciare e che cosa tenere, che cosa cambiare e che cosa invece valorizzare. L'ideale è procedere a piccoli passi, attraversando con cautela la fase di scoperta della realtà locale, a cui non si sente ancora di appartenere. Molte volte però questo percorso si rivela non solo più facile del previsto, ma anche molto stimolante.

### Portare nel mondo la cultura della gelateria artigianale made in Italy

Il Gruppo Carpigiani (che produce macchine per la gelateria e organizza la scuola di gelateria forse più famosa del mondo) mette in palio alcune borse di studio per chi decide di cambiare vita, andando ad aprire un'attività nel Paese in cui ha sempre sognato di trasferirsi. Dopo aver concluso un percorso formativo di 30 giorni, che prevede anche la stesura di un business plan, i vincitori sono pronti a mollare tutto e realizzare il loro 'Gelato Dream', portando nel mondo la cultura della gelateria artigianale made in Italy. I primi pionieri del gelato hanno scelto la Polonia, l'Australia, la Nuova Zelanda, il Brasile, Singapore e la Florida.

Muà, la gelateria di Elena a Istanbul

Al culmine di una carriera da consulente per importanti gruppi multinazionali, Elena, quarantenne fiorentina, ha sentito il bisogno di reinventare la sua vita, aprendo una gelateria in un quartiere residenziale di Istanbul. Il successo della sua iniziativa è stato tale da indurla ben presto a cercare nuovi capitali per aprirne altre.

## Inventarsi un lavoro per andare a vivere in campagna

C'è chi a un certo punto decide di 'inventarsi' un lavoro per fuggire dalla città e trasferirsi in un centro minore, dove ritiene di poter migliorare la qualità della propria vita. Non sono pochi infatti i giovani che oggi contribuiscono a far crescere e ringiovanire la popolazione delle campagne. Sono preparati, istruiti, supertecnologici, quasi tutti diplomati o laureati. Si destreggiano abilmente tra agricoltura biologica, produzioni d'eccellenza e colture di nicchia. Di solito, preferiscono seguire il processo produttivo dall'inizio alla fine, dalla semina al germoglio, dalla maturazione alla raccolta, fino alla vendita diretta al consumatore finale. Guidano aziende magari piccole, ma moderne ed efficienti: non sono più contadini figli di contadini, ma imprenditori agricoli. Decidono a volte di valorizzare le terre ereditate dai nonni, ma cambiando le colture, riscoprendo i prodotti locali di qualità, elaborando preventivamente il loro business plan, utilizzando tecnologie e macchinari sofisticati. Usano il computer e il trattore a guida satellitare, pubblicizzano i loro prodotti sul web, dialogano con i clienti nei blog, coinvolgendoli in modo originale, talvolta perfino ludico: qualcuno ha inventato il gioco dell''orto virtuale', qualcun altro l'adozione 'a distanza' di pecore e mucche.

### Come scegliere la nuova destinazione?

Innanzitutto, visto che, trasferendosi in campagna, si aspira probabilmente a vivere in un ambiente più sano, andranno accuratamente evitate tutte le zone dove si pratica un'agricoltura intensiva: non è detto che siano molto meno inquinate della città! La ricerca dovrà poi fare i conti con il turismo di lusso, che si è accaparrato le località rurali di maggior pregio: l'appennino tosco-emiliano, l'entroterra marchigiano, le Langhe...

La soluzione migliore potrebbe essere quella di orientarsi sui piccoli borghi, in molti casi bellissimi, e sulle zone collinari o montane che si erano spopolate nel dopoguerra, per esempio, le valli alpine non interessate al turismo o l'Appennino, soprattutto al Sud, dove è ancora possibile acquistare immobili a prezzi interessanti (oltre il 70% dei comuni italiani ha meno di 5000 abitanti, circa 3000 paesi sono a rischio estinzione). La scelta di un paese dove magari vive o è vissuto qualche parente può favorire l'accoglienza da parte della comunità locale, che probabilmente sarà composta in gran parte da anziani un po' chiusi e diffidenti.

Per chi viene dalla città è consigliabile scegliere un paesino non troppo isolato, dove ci sia una comunità in cui inserirsi e da cui imparare quello che non si sa.

Chi ha bambini piccoli o in età scolare dovrà verificare non solo la distanza delle scuole e il tragitto da percorrere ogni giorno per raggiungerle, ma anche la presenza di altri coetanei, per evitare di farli crescere in solitudine. Ovviamente, una volta arrivati alle superiori, i figli saranno costretti a viaggiare o a trovarsi una sistemazione lontano da casa.

Una regola fondamentale è quella di non lasciarsi prendere dalla fretta nella scelta e, soprattutto, nell'acquisto di una proprietà. Meglio se mai partire prendendo una casa e un terreno in affitto, per sperimentare con calma la nuova situazione, per valutarne serenamente le possibilità e gli eventuali problemi, per allacciare relazioni di buon vicinato e rapporti di amicizia con gli abitanti, da cui con il tempo si potranno ottenere informazioni preziose sul valore reale, sui pregi e difetti, delle proprietà in vendita. L'ideale sarebbe prendersi comunque il tempo per fare, prima di trasferirsi, diversi sopralluoghi, in tutte le stagioni dell'anno e in diverse condizioni meteorologiche, verificando anche il livello delle infrastrutture e dei servizi (acquedotto, rete fognaria, luce, gas, telefono, possibilità di connettersi a internet), sperimentando in pratica tutti gli inevitabili piccoli disagi, come un certo isolamento, il buio e un silenzio a cui non si è abituati, la presenza di insetti, la mancanza del negozio sotto casa...

Per toccare con mano, prima di buttarsi, le gioie e le difficoltà della vita in campagna, potrebbe essere utile fare qualche esperienza presso aziende agricole e fattorie, in diverse zone. Trovare opportunità di questo genere non è difficile associandosi a Wwoof (www.wwoof.it), un'organizzazione internazionale che si propone di favorire la conoscenza e l'interesse per l'agricoltura biologica-biodinamica e per tutte le attività (didattiche, commerciali, ecc.) a essa collegate. La formula proposta da Wwoof consente di viaggiare in tutto il mondo, in modo economico, dando un aiuto concreto dove viene richiesto. All'associazione aderiscono molte aziende agricole di piccole e medie dimensioni, biologiche e biodinamiche, distribuite in tutte

le regioni da nord a sud. Ognuna di esse ha caratteristiche peculiari, che la differenziano dalle altre, perciò è importante scegliere bene quella che fa al proprio caso, perché più vicina al progetto che si vorrebbe realizzare.
A seconda dei periodi e delle stagioni, i lavori per cui viene richiesta la collaborazione degli ospiti sono svariatissimi: semina, trapianto, diserbo, cura delle aiuole, coltivazione di piante officinali, raccolta nell'orto, raccolta di frutti di bosco, pulizia di sentieri, boschi e castagneti, raccolta dei marroni, potatura, taglio di legna da ardere, ma anche aiuto nelle attività didattiche, nella produzione di preparazioni fitoterapiche e cosmetiche, nella gestione di un punto vendita, nell'organizzazione di corsi...

## In campagna la vita costa meno?

In campagna la vita può costare decisamente meno che in città, tanto meno, quanto più si riesce a essere autosufficienti, producendo e procurandosi da sé le cose necessarie. La spesa per abbigliamento, vacanze e tempo libero si riduce in modo pressoché automatico, quella per il cibo può dimezzarsi grazie all'autoproduzione, quella per l'energia elettrica e il riscaldamento può addirittura annullarsi, sfruttando le energie rinnovabili (bosco, sole ed eventualmente vento).
È bene però sapere che vivere e lavorare in campagna puntando all'autosufficienza richiede un grande impegno, unito alla capacità di imparare a fare tante cose nuove: non si diventa contadini in pochi giorni! Alcune attività sottraggono inevitabilmente spazio al tempo libero, ma possono rivelarsi a loro modo piacevoli, divertenti e... salutari. Chi deve ogni giorno procurarsi e tagliare la legna per la stufa o il caminetto, coltivare l'orto e il frutteto, strappare le erbacce infestanti (che sono sempre più robuste di qualsiasi specie utile), accudire qualche animale, camminare nei boschi in cerca di funghi, castagne o frutti selvatici, non ha certo bisogno di iscriversi alla palestra!
I più intraprendenti (e coraggiosi) magari si arrangiano anche a risistemare e ristrutturare da sé un rustico acquistato a poco prezzo: alcuni lavori si possono imparare abbastanza facilmente, affiancando un muratore esperto.

Questa scelta consente non solo di risparmiare parecchio sulla mano d'opera, ma anche di utilizzare le tecniche di architettura sostenibile e di efficienza energetica, di sfruttare materiali locali, di apprendere tutto quanto potrà rivelarsi utile in seguito per gli interventi di manutenzione.
Un'altra possibilità per risparmiare imparando (o per iniziare a guadagnare qualcosa), è quella di offrire la propria collaborazione - come vendemmiatore, raccoglitore di frutta, venditore ambulante (di frutta, uova, formaggi, funghi), bracciante agricolo, aiuto tosatore, ecc. - alle altre imprese della zona, in cambio di un aiuto con il trattore, oppure di prodotti agroalimentari.
L'imprenditore agricolo può poi godere di alcuni vantaggi dal punto di vista fiscale e può cercare di ottenere aiuti finanziari, contributi (talvolta anche a fondo perduto) e mutui agevolati. Al di sotto di un certo reddito (decisamente basso) può avvalersi di un regime di esenzione fiscale per avviare una microimpresa (veramente micro) o un lavoro part-time, senza essere soggetto a oneri particolari. Un'azienda agricola, anche di dimensioni medio-piccole, richiede invece notevoli investimenti e competenze che non si possono improvvisare.

## Puntare sulle produzioni tipiche di qualità

Oggi bisogna puntare sulle produzioni tipiche di qualità, sui servizi accessori (agriturismo, fattorie didattiche, ristorazione bio), sulla promozione e sull'utilizzo della rete.
Per dare vita a un'impresa che funzioni davvero è fondamentale avere idee chiare e un progetto originale, che possibilmente coniughi la produzione agricola con attività collaterali, come agriturismo, agricampeggio, guida escursionistica, attività didattica con gli animali. Bisogna valutare attentamente anche i possibili sbocchi sul mercato, i canali di vendita, le attività promopubblicitarie più efficaci, gli strumenti utili per conquistare nuovi clienti e fidelizzare quelli già acquisiti.
In molte zone rurali 'svantaggiate' il lavoro bisogna davvero inventarselo, ma, oltre che sulle proprie forze, si può contare sui finanziamenti erogati

dalla Comunità europea, attraverso gli enti locali (Regioni, Province, Comunità montane, ecc.), con l'obiettivo sia di favorire la competitività del settore agricolo, la tutela dell'ambiente, le attività economiche e commerciali, sia di migliorare la qualità della vita dei residenti, contrastando, per esempio, la scomparsa dei piccoli negozi. Per avere maggiori informazioni, si possono consultare i siti della Regione, della Provincia e del Comune dove ci si vorrebbe insediare, oppure quello della Rete rurale nazionale (www.reterurale.it).

Bisogna comunque tener presente che i contributi pubblici non sono sempre facili da ottenere, comportano generalmente un iter burocratico oneroso, richiedono talvolta importanti investimenti di partenza e vincolano magari al raggiungimento di un certo giro di affari in tempi prestabiliti. In linea di massima, sono forse più interessanti nel caso di progetti di medie dimensioni, che coinvolgono diverse persone.

Quella di costituire una piccola cooperativa agricola - da tre a otto soci - potrebbe essere la soluzione ideale per due, tre o quattro nuclei familiari che decidono di affrontare insieme l'avventura del trasferimento in campagna. Non essere soli presenta innegabilmente diversi vantaggi, non ultimo quello di potersi concedere di tanto in tanto, a rotazione, un periodo di vacanza per staccare la spina. Se non c'è questa possibilità, si può comunque aderire a un consorzio volontario, che riunisce le aziende con caratteristiche e produzioni comuni. Di solito, gli associati possono utilizzare un marchio di qualità, spazi e attrezzature consortili.

### Il recupero di un'autentica rarità: lo sciroppo di rose

Fino agli anni '60-70 in Valle Scrivia, nell'entroterra genovese, la rosa era una presenza immancabile nei parchi delle ville signorili, come nei giardini e negli orti delle abitazioni contadine: con i petali delle varietà più profumate (Muscosa, Rugosa o Gallica), raccolte da metà maggio ai primi di giugno, si producevano tradizionalmente confetture e sciroppi, utilizzati in famiglia per le loro proprietà diuretiche, rinfrescanti e antinflogistiche delle vie respiratorie.

Considerata un ottimo tonico corroborante, la bevanda calda a base di sciroppo di rose veniva consumata regolarmente anche nell'intervallo delle partite di calcio.

Grazie al supporto dei progetti comunitari per il recupero di ecotipi locali, è stato possibile salvare e reintrodurre nel loro habitat storico alcune specie in via di estinzione, di cui era rimasto solo qualche esemplare nei giardini di vecchie case abbandonate. Oggi lo sciroppo artigianale fatto con infusione di petali di rose, acqua, zucchero e poco limone, rappresenta un'autentica rarità. Il Presidio Slow Food riunisce un gruppo di coltivatori e trasformatori della provincia di Genova (aziende della Val Fontanabuona e dell'alta Val Orba e l'associazione Le rose della Valle Scrivia) che ancora lo producono con ingredienti naturali, seguendo l'antica ricetta genovese. Alcuni coltivano con metodo biologico le rose e fanno direttamente lo sciroppo, altri forniscono i petali alle imprese di trasformazione.

## La possibile sinergia tra imprese agricole e turismo locale

L'Italia ha molte zone difficili, dure, con valli strette e montagne che si tuffano direttamente nel mare, dove per fare agricoltura ci vogliono passione e professionalità, dove però la vocazione turistica, nostra attività principale, può contribuire a rendere sempre più visibili le piccole imprese agricole. Il settore agroalimentare (che vale oltre il 15% del Prodotto interno lordo) è una realtà complessa e variegata, fatta soprattutto di piccole imprese che sono in grado di affrontare le sfide della globalizzazione puntando sulla qualità e tipicità delle produzioni, sulla filiera corta (vendita diretta dal produttore al consumatore), sulla promozione e sull'utilizzo delle nuove tecnologie.

Il futuro sarà condizionato proprio dall'emergere di nuovi imprenditori capaci di portare avanti le attività avviate dalle generazioni precedenti, rinnovandole e creandone di nuove. Da un lato, le produzioni tipiche (non solo quelle a denominazione di origine, inevitabilmente limitate) possono essere sfruttate per promuovere le potenzialità del territorio dal punto di

vista turistico ed enogastronomico, dall'altro lo sviluppo di nuovi flussi turistici contribuirà alla riscoperta delle campagne e dei prodotti tipici.
La capacità di tutelare produzioni di nicchia particolari e limitate, vera espressione del territorio, rappresenta senza dubbio un'opportunità per le imprese, nonché una responsabilità per amministrazioni pubbliche, produttori e distribuzione. Una produzione agricola tanto variegata come quella italiana diventa elemento portante della 'vendita' del territorio e di una promozione forte, che può catturare l'attenzione del pubblico. In questa logica e grazie al contributo di tutti - i produttori agricoli e le loro organizzazioni, i Comuni, le Comunità montane, le Province, le Camere di commercio e le Regioni - negli ultimi anni sono state sviluppate numerose iniziative, per esempio i farmer's market organizzati al sabato e alla domenica nelle grandi città o nei principali luoghi di villeggiatura, sempre affollati di vacanzieri che, prima di rientrare in città, fanno scorta di prodotti genuini, oppure le manifestazioni locali imperniate sull'offerta di prodotti agroalimentari.

Le informazioni riguardanti i farmer' market si possono trovare sui siti:
www.coldiretti.it
www.cia.it
www.campagnamica.it

Del resto, nelle moderne economie, l'agricoltura non ha più solo il compito di produrre alimenti, ma determina anche condizioni che possono incidere sulla qualità della vita - dalla sicurezza alimentare alla tutela dell'ambiente e del paesaggio, al presidio di territori che, fino a qualche anno fa, venivano progressivamente abbandonati - individuate come temi centrali della politica comunitaria, che le promuove e le sostiene.

Informazioni sui finanziamenti del Fondo europeo agricolo per lo sviluppo rurale si possono trovare sui siti:
www.fondieuropei2007-2013.it
www.reterurale.it

## LE PIANTE IN VASO DI ALBENGA

La coltivazione di piante aromatiche, che coinvolge oltre un migliaio di imprese floricole del Savonese, nella piana di Albenga (i vasi pesano, perciò questa attività va fatta in pianura), rappresenta un esempio interessante di riconversione agricola e adeguamento alle nuove esigenze del mercato. In un momento di crisi del settore ortofrutticolo, minacciato dalla concorrenza di produzioni estere a basso costo, l'attività delle imprese locali si è rivolta alle piante in vaso, partendo dalle margherite e rispondendo poi alla richiesta di erbe aromatiche mediterranee. Con la creazione dell'Istituto regionale per la floricoltura, l'amministrazione pubblica ha messo a disposizione degli operatori una procedura per favorire la trasformazione delle colture in tal senso. Le denominazioni di origine protette e le indicazioni geografiche protette, attribuite sinora a prodotti agroalimentari come l'olio extravergine d'oliva o il basilico, possono essere applicate anche ai prodotti florovivaistici, con interessanti effetti promopubblicitari per il territorio e l'unicità del prodotto. Gli aspetti più importanti di questo protocollo sono l'utilizzo di tecniche ecocompatibili di lotta integrata e di misure volte alla protezione dell'ambiente, la cura degli aspetti igienici nella manipolazione dei prodotti, la salute e la sicurezza dei lavoratori agricoli, il rispetto della normativa del trattamento dei lavoratori. È stato anche studiato un packaging innovativo - sacchetti, etichette, imballi protettivi e contenitori di trasporto - per stimolare il potenziale acquirente, evidenziando marchi aziendali e collettivi, migliorando la presentazione delle piantine, fornendo indicazioni utili per il loro utilizzo e la loro conservazione.

### Il chinotto di Savona

Nel Savonese, sulla costa di Ponente da Varazze a Pietra Ligure, torna a fiorire un mini agrume raro e poco conosciuto che, dopo essere stato importato cinque secoli fa dalla Cina, aveva trovato in questa zona il suo habitat ideale (la pianta è delicata, sensibilissima al gelo), ma in epoca recente rischiava di scomparire.

La coltivazione del chinotto per utilizzo industriale risale al 1800, quando a Savona venne fondata la Società dei produttori di chinotti. Il chinotto è un frutto molto aromatico, di gusto amaro e aspro, immangiabile crudo, che però, una volta candito, si trasforma in raffinata prelibatezza. Oggi i pochi produttori superstiti, quasi tutti localizzati nelle valli del Finale, forniscono i loro pregiati frutti alle pasticcerie di antica tradizione, come Romanengo di Genova, Besio di Savona, Balzola di Alassio.

### La produzione di miele

Uno dei prodotti agroalimentari più richiesti e apprezzati dai consumatori è il miele, che non viene più riservato ai bambini, ma portato in tavola con i formaggi, oppure utilizzato in vari modi per la preparazione di ricette particolari (riprese talvolta dalla cucina medioevale e rinascimentale): antipasti, primi piatti, secondi di carne e pesce, condimenti delle insalate. E sono sempre più numerosi i turisti attenti all'identità del territorio e alla qualità dell'ambiente, grandi appassionati e consumatori di miele, che per le loro vacanze o per le gite del week end scelgono località lontane dalle rotte commerciali, dove sia possibile acquistare il prezioso fluido dorato direttamente dai produttori. Ne conoscono tutte le varietà, anche quelle più insolite e rare (in Italia se ne producono oltre 40 diverse, con origini, proprietà, gusti, utilizzi e prezzi differenti), amano crearsi una piccola mieloteca, in cui non possono mancare il classico e versatile miele di acacia, quello di agrumi, tra i più apprezzati, quello di castagno, particolarmente gradito per il suo retrogusto amarognolo, un millefiori e un miele aromatico, come quelli di timo o di lavanda.

Sul sito www.informamiele.it si trovano informazioni di ogni tipo: dati sulla produzione, sul mercato e sui prezzi, notizie, eventi, seminari di formazione e di aggiornamento, nonché una guida davvero molto completa, ricchissima di informazioni dietetiche e nutrizionali, per conoscere il miele, le sue proprietà, le sue caratteristiche e gli elementi che concorrono a determinarne la qualità.

## Anche da internet un aiuto prezioso

Le inefficienze e le speculazioni lungo la filiera agroalimentare costano molto, non solo in termini economici, ma anche sotto forma di inquinamento, sprechi e contraffazioni. Senza dubbio, acquistare prodotti bio, sani e locali direttamente da chi li produce garantisce invece al cliente, oltre al risparmio e a un buon rapporto tra qualità e prezzo, una maggiore genuinità e freschezza, che si traducono anche, nella maggior parte dei casi, in minore deperibilità.

Le famiglie hanno capito che contadini e consumatori 'coltivano' gli stessi interessi: 2 su 3 comprano dai produttori almeno ogni tanto, mentre almeno 1 su 3 lo fa regolarmente, chi per una questione di etica e di rispetto ambientale, chi puntando alla sicurezza alimentare e/o al risparmio. C'è chi trova molto più divertente fare provviste in questo modo, coinvolgendo anche i bambini, che finalmente vedono come è fatta una gallina o una pianta di zucchine, e chi, oltre al resto, lo trova estremamente pratico, perché oggi si può avere la spesa a domicilio con una semplice telefonata o una email, senza neppure uscire di casa (la spesa minima richiesta è di poche decine di euro e la consegna avviene una volta la settimana). Così perfino le mamme superimpegnate tra famiglia e lavoro possono fare i loro acquisti con tutta calma, dopo aver messo i figli a dormire. Grazie a internet, alle attività agrituristiche, alle manifestazioni locali (feste e fiere), ai farmer's market degli agricoltori, diffusi sempre più capillarmente in tutte le regioni, sono già moltissime (oltre 60.000) le aziende che si rivolgono direttamente al consumatore, senza intermediari.

Sul sito www.campagnamica.it si può trovare l'elenco, suddiviso per provincia, insieme alla mappa dei mercatini nelle diverse città.

Uno dei mezzi più efficaci per promuovere e commercializzare una produzione agricola di qualità, rivolgendosi direttamente al consumatore finale (che può essere anche un ristorante, un albergo, un negozio di gastronomia pronta) è sicuramente il web: attraverso internet coltivatori e piccoli allevatori locali (singolarmente o in gruppo) offrono frutta e verdura di stagione, legumi, riso, miele, confetture e conserve vegetali, formaggi, uova,

carne, pane casereccio, olio, vino, magari anche saponi naturali, lana e oggetti artigianali.
Alcune fattorie propongono di sostenere un animale e godere poi dei suoi prodotti: latte, formaggio, lana. In questo modo il 'pastore adottivo' contribuisce a tutelare il settore dell'allevamento all'aperto.
Si può, per esempio, 'adottare' una mucca in Trentino, scegliendola sul sito www.valsugana.info, a cui sono collegate diverse malghe storiche della zona. Con una cifra davvero modesta il cliente finanzia il suo mantenimento estivo e riceve poi i prodotti del suo latte (latte fresco, burro, ricotta, tosella e formaggi stagionati).
Anche l'adozione a distanza di una pecora abruzzese prevede, in cambio di un contributo fisso annuo, 4 chili di formaggi biologici prodotti con il suo latte, 6 chili di carne (o, in alternativa, olio, miele e altri prodotti biologici di valore equivalente), nonché parte della sua lana, già filata (www.laportadeiparchi.it).

Per farsi un'idea di questo business, si possono visitare alcuni siti che offrono la spesa alimentare 'dal campo alla dispensa', per esempio:
www.alconfin.it
www.biorekk.org
www.cornale.it
www.zolle.it

Una possibilità interessante per vendere direttamente ai consumatori, senza intermediari, è poi quella di contattare qualcuno dei tanti gruppi di acquisto solidale, o 'Gas', sempre più numerosi (li potete trovare sui siti www.retegas.it o www.economia-solidale.org). Ormai molte persone hanno imparato ad acquistare in gruppo, tra amici, colleghi di lavoro, vicini di casa, scegliendo i prodotti con il miglior rapporto qualità/prezzo e pensando anche all'ambiente (meno confezioni da buttare, minore distanza dai luoghi di produzione, no a frutta e verdura importate da lontano e spesso fuori stagione, come l'uva cilena o le ciliegie argentine).

**Per chi vuole vivere e lavorare in campagna non c'è solo l'agricoltura**

Le fattorie didattiche sono aziende agricole o agrituristiche in cui si svolgono attività educative 'attive' per bambini e ragazzi, che hanno modo di osservare di persona la natura e il lavoro della campagna, che magari vengono anche coinvolti nella preparazione di un 'prodotto' tipico o nella raccolta di ortofrutta. Con la guida di operatori qualificati, i piccoli visitatori fanno esperienza diretta dell'ambiente rurale, dei mestieri e della manualità artigianale. Imparano a conoscere le piante, gli animali, i prodotti della terra, il territorio, le diverse attività dell'imprenditore agricolo, le tradizioni e le usanze della cultura contadina.

La fattoria didattica è un luogo ideale di apprendimento, un laboratorio vivo per esperienze dirette di osservazione, studio, manipolazione, gioco, raccolta di materiale, partecipazione alle fasi di lavorazione e trasformazione dei prodotti agricoli, costruzione di piccoli oggetti e degustazione dei prodotti.

Le visite e i percorsi didattici ('dal campo alla tavola', 'dal latte al formaggio', 'dal grano al pane', oppure 'dalla tosatura alla lana', ecc.) vengono organizzati in funzione dell'età dei ragazzi, dei programmi scolastici, dei progetti della classe o del gruppo accolto, ma l'approccio pedagogico è sempre quello dell'esperienza concreta, fatta sul campo, che lascia ai bambini il ricordo di un'emozione profonda.

Per saperne di più potete visitare i siti:
www.fattoriedidattiche.biz
www.fattoriedidattiche.net
www.fattoriedidattiche.it

La fattoria dei somarelli

«Interagire e comunicare con l'asino, un animale davvero splendido - spiega Cinzia Dutto, che nella sua azienda agricola in provincia di Cuneo, ne ospita ben 16, insieme ad altri animali (9 cani, due gatti di razza Ragdoll e la capretta nana Bimba) - permette di riavvicinarsi alla dimensione corporea, di allentare i conflitti e ristabilire una connessione con il mondo delle emozioni».

L'Impronta è un centro a misura di disabile, finanziato in parte della Regione Piemonte, con le scuderie, un museo sull'antica attrezzatura degli asini, un giardino dei sensi e una grande aula didattica. Mentre i figli fanno terapia con gli animali, molto docili e affettuosi, i genitori si possono rilassare in un piccolo paradiso immerso nella natura e nel verde della montagna, a 1100 metri di altitudine. Il regno dei somarelli è aperto a tutti: centri di assistenza diurni, comunità, scuole e semplici turisti.

## Eccellenze rurali

Sul sito www.reterurale.it/downloads/eccellenzerurali/ il progetto 'eccellenze rurali' documenta - con video, schede di approfondimento, interviste e gallerie fotografiche - oltre 100 esperienze realizzate in tutte le regioni italiane, grazie ai finanziamenti comunitari a sostegno dello sviluppo rurale. Sono storie di vita, di impresa e di agricoltura intesa come filo conduttore di uno scenario quotidiano e reale, in cui l'attività produttiva si intreccia con la qualità della vita nelle aree rurali, la competitività del settore agricolo e forestale, la tutela dell'ambiente e del territorio.

Le eccellenze rurali, contraddistinte da un forte carattere di sostenibilità, efficienza e innovazione, hanno saputo utilizzare nel modo migliore le opportunità offerte dal Psr 2007-2013, strumento di attuazione regionale della politica di sviluppo rurale. Eccellenze rurali è un'attività della rete rurale nazionale, Task force 'Buone prassi e innovazioni', in collegamento con le postazioni regionali Rrn.

### L'azienda agricola biologica Dorothea Costa

Grazie ai finanziamenti del Piano di sviluppo rurale 2000/2006 per il primo insediamento dei giovani agricoltori, i coniugi Dorothea Costa e Alessandro Vianello (biologa lei, micologo lui) hanno potuto recuperare un terreno familiare e acquistare altri piccoli appezzamenti confinanti, sulle alture di Sant'Ilario, nel Comune di Genova.

La collina, da cui si gode una spettacolare vista del mare, è stata in passato una zona di grande tradizione agricola (agrumi, ulivi e floricoltura in serra). Oggi è un quartiere residenziale esclusivo, eppure anche qui si assiste al 'ritorno alla terra', che sembra caratterizzare l'economia ligure degli ultimi anni. La coltivazione è resa possibile dai tipici muretti a secco, che creano un sistema terrazzato di contenimento del suolo. In seguito all'abbandono delle terre agricole, molti muretti però sono crollati, dando origine a fenomeni di erosione che compromettono il paesaggio.
Nel 2007 Dorothea e Alessandro hanno deciso di lasciare una posizione lavorativa precaria per avviare il loro progetto di autonomia e produzione biologica di nicchia, di riqualificazione del territorio e di ripristino dei terrazzamenti. L'esperienza maturata nella ricerca universitaria e nell'insegnamento si è rivelata comunque molto utile per la creazione di un'impresa innovativa e sostenibile, specializzata nella coltivazione e nella vendita diretta di funghi certificati biologici, di particolare qualità e piuttosto inusuali: il Cardoncello, molto comune nel Sud Italia, la Morchella, diffusa in Europa, e lo Shiitake, praticamente sconosciuto in Italia, ma molto apprezzato in Estremo Oriente per le sue proprietà curative. Il canale di vendita privilegiato è quello dei ristoranti etnici, vegetariani o che propongono menù alternativi.
Nel 2008 e nel 2012 i due neoimprenditori hanno partecipato ai bandi della Misura 121, 'Ammodernamento delle aziende agricole', riuscendo a ottenere i fondi necessari per la risistemazione dei terreni, le serre, il ripristino di muretti a secco e il laboratorio di confezionamento. L'azienda agricola si estende su una superficie di circa 2 ettari, in buona parte uliveto, con una zona prativa a ferula, pianta erbacea di cui si utilizza il fieno essiccato come substrato per il Cardoncello, che anche in natura cresce sulle radici morte di questa specie.
«Siamo molto felici – dice Alessandro – di contribuire alla conservazione di un territorio splendido. Abbiamo recuperato un oliveto in stato di abbandono e ripristinato i muretti a secco, che in alcuni tratti ho costruito io stesso ex novo. In più, le nostre produzioni sono biologiche e alta-

mente sostenibili, perché il ciclo produttivo, compresa la coltura dei substrati, è tutto interno all'azienda. Avendo una formazione scientifica molto specializzata e la qualifica di guide naturalistiche, stiamo pensando di fare anche attività di fattoria didattica, visto che ci troviamo in una zona facilmente raggiungibile dalla città con i mezzi pubblici e vicina all'Istituto tecnico agrario Marsano».

# Inventarsi un lavoro per realizzare un sogno

*Quelli che si inventano un lavoro sono tutti almeno un po' sognatori. Ma qualcuno sogna più degli altri e si lancia in un' impresa che, almeno all'inizio, può sembrare una vera pazzia. Poi però, superando con coraggio e tenacia anche le inevitabili difficoltà, riesce a farcela e a trasformare il sogno in realtà. Ecco le storie di sogni realizzati, a volte con grande fatica, ma sempre con grande soddisfazione.*

## Quelli di Grom: il gelato come una volta

Ingredienti di altissima qualità, come i pistacchi di Bronte, i limoni di Amalfi, il cioccolato fondente del Venezuela e della Bolivia, acqua della sorgente Sparea, uova di galline allevate a terra e frutta rigorosamente bio, coltivata a Costigliole d'Asti, nell'azienda agricola Mura Mura (che fa parte della stessa società). Nessun additivo, a parte la farina di semi di carrube e la pectina, utilizzate come addensanti. Per i cucchiaini, niente plastica, eliminata a favore del Mater-Bi, biodegradabile e compostabile. Coppette, sacchetti e tovaglioli di carta proveniente da foreste gestite in modo responsabile. Raccolta differenziata dei rifiuti e grande rispetto per l'ambiente. È la filosofia delle gelaterie Grom, 'inventate' da due giovani torinesi, analista finanziario uno, enologo l'altro, che si erano conosciuti durante il servizio militare.

La vicenda di Federico Grom e Guido Martinetti è ormai un caso da manuale. Anzi, il manuale lo hanno scritto loro stessi, in prima persona:

*Grom. Storia di un'amicizia, qualche gelato e molti fiori*, il libro che racconta come da una grande amicizia e dal sogno di fare il gelato più buono del mondo sia nato uno dei più sorprendenti successi commerciali degli ultimi anni. Nel 2003 Guido legge un articolo di Carlo Petrini, fondatore di Slow Food, che lamenta la scomparsa del gelato artigianale di una volta, quello fatto con la frutta di stagione, senza aromi, coloranti, emulsionanti. Ci pensa un attimo, poi si precipita da Federico e gli comunica il suo progetto, al tempo stesso semplice e visionario: fare quel gelato, partendo dalle materie prime migliori del mondo. A Federico l'idea sembra dapprima assurda, ma poi ci ripensa... La sua mente razionale e concreta si mette in moto: per partire bisogna avere 32.500 euro a testa e indebitarsi con le banche per una cifra doppia, si deve trovare un negozio in una buona posizione... poi, perché la cosa funzioni, bisognerà riuscire a vendere circa 18 chili di gelato al giorno, per 365 giorni l'anno.
Hanno avuto un tale successo che ora i loro negozi sono presenti non solo in 33 città del Nord e Centro Italia, ma anche a Malibu, New York, Osaka, Parigi e Tokio (www.gromlovesworld.it).

Genny: la tecnologia al servizio della mobilità personale
A soli 25 anni Paolo Badano perde il controllo della moto e l'uso delle gambe. Suo padre lo va a trovare in ospedale e gli dice: «Un uomo, se è bravo, con le sue mani può fare il lavoro di due persone, ma con il suo cervello può fare quello di 10, 100, 1000 mani».
«La prima battaglia che ho dovuto vincere - racconta Paolo - è stata proprio quella con una disabilità invalidante: ho dovuto trovare la forza per adattarmi a una situazione che non volevo. Per fortuna, ho avuto l'aiuto di persone meravigliose. Avevo una piccola impresa edile e il mio amico-socio mi ha subito proposto di risuddividerci il lavoro: io avrei seguito l'ufficio, lui i cantieri. Così, nel 1995 è nata Edildesign. Lavoriamo insieme da quasi vent'anni, siamo cresciuti e ora abbiamo 7-8 dipendenti».

Un giorno, accompagnando la fidanzata a fare shopping in un outlet, Badano si sofferma a osservare la guardia giurata che pattuglia la zona su un Segway, una sorta di biga elettrica a due ruote che si guida in piedi, e ha un'intuizione: forse lo si può fare anche da seduti. Ne acquista uno, lo studia e contatta un'azienda, per provare a creare lo strumento che ha immaginato. Studiando leggi di meccanica, dettagli di elettronica, elementi di design e superando alcune difficoltà iniziali, realizza un progetto pionieristico, uno strumento rivoluzionario dedicato al 'popolo dei seduti': GennyMobility™ (www.gennymobility.it). Grazie alla sua tecnologia auto-bilanciante questo mezzo consente una grande libertà di movimento, riducendo al minimo le differenze tra normalità e disabilità. Chi usa le tradizionali sedie a rotelle deve guardare costantemente a terra, per non incorrere nel puntamento delle rotelline anteriori, ha le mani sempre occupate e spesso sporche... se piove non può reggere l'ombrello... si trova in difficoltà quando deve affrontare terreni scivolosi, piccoli gradini o leggere discese... insomma, si sente inevitabilmente diverso e frustrato nelle sue capacità motorie. Con Genny invece si può passeggiare guardando il paesaggio, senza preoccuparsi del fondo stradale, dando la mano a un'altra persona, mangiando un gelato, portando a spasso il proprio cane... Genny diventa quasi una parte del corpo, così la disabilità si vede e si sente meno, si abbattono numerose barriere non solo architettoniche, ma anche psicologiche e sociali.

«All'inizio - ricorda Paolo - non riuscivo a far capire che si trattava di una cosa davvero interessante, ma non volevo mollare. Certo, per andare avanti mi ci sono volute determinazione, forza e consapevolezza».

Con quattro brevetti, motore elettrico e batterie ricaricabili, Genny è estremamente versatile, agile e sicura. Autobilanciata su due ruote, evita i possibili inciampi, che creano il pericolo di cadute. Può affrontare qualsiasi tipo di terreno e percepisce elettronicamente 100 volte al secondo la posizione del 'pilota' che, per accelerare o rallentare, deve semplicemente inclinarsi avanti o indietro, con le mani libere. Poter controllare il mezzo solo con un piccolo movimento del corpo, molto naturale, permette di spostarsi in modo piacevole e divertente, facendo anche un po' di riabilitazione neuromotoria. Così anche chi non ha l'uso delle gambe può correre in spiaggia (il video di Paolo Badano su YouTube conta decine di migliaia di visualizzazioni), andare in montagna o a funghi nei boschi, passeggiare sotto la pioggia con un ombrello in mano.

«La disabilità mi ha insegnato molte cose - dice Paolo - e oggi, grazie alla tecnologia, non mi sento più un disabile, faccio una vita pressoché normale: per molti aspetti, la tecnologia favorisce l'integrazione, perché consente di eliminare il disagio sociale di chi è nelle mie condizioni. Un ruolo fondamentale ha anche il design, che costituisce a sua volta un fattore di integrazione: il fatto che Genny sia bella da vedere, contribuisce a cambiare l'approccio con le persone, a non focalizzare la loro attenzione solo sul problema di chi la utilizza. Di solito, chi la vede è catturato prima dal suo aspetto, poi dalla sua funzionalità».

La produzione di Genny è iniziata nel 2009. Dopo qualche vicissitudine, tutto è ripartito nel 2011, quando è stata costituita l'attuale società GennyMobility, che dà lavoro a quindici persone, di cui tre disabili. Oggi esistono tre Genny Point (a Savona, Milano e Ancona, a cui se ne affiancheranno tra poco altri a Roma e nel Sud Italia) e distributori in tutta Europa (presto anche in Russia e Israele). Fino a ora sono state vendute circa 1000 Genny in tutta Europa, un numero destinato sicuramente a crescere nei prossimi anni (nel mondo 1 persona su 100 è 'seduta', solo in Italia sono 800.000).

Ora, in vista di un evento futuro dedicato alla disabilità, a cui parteciperanno centinaia di persone 'sedute', l'inventore di Genny sogna una 'Savona Città Accessibile' e sta mettendo a punto il progetto '5 centimetri possono fare la differenza', in cui è coinvolto anche il Comune: l'idea è quella di predisporre entro un anno un percorso 'a misura di disabile', eliminando le barriere architettoniche (se lo facessero tutti in contemporanea, consorziando i lavori si potrebbe senz'altro risparmiare).

«Un percorso di civiltà: handicap è uguale a ostacolo, allora se leviamo l'ostacolo, leviamo l'handicap» dice Paolo, che, per lanciare il messaggio anche ai bambini delle scuole elementari, ha inventato la favola di Dino il gradino e Lella la rotella: per amore di lei, lui diventa una rampa.

La Cà dell'Alpe di Daniela e Cosimo

Nel 1993, all'età di 34 anni, Daniela e Cosimo, con due figli ancora piccoli, hanno deciso di cambiare vita: lasciare Milano e i rispettivi lavori (lei perito chimico, lui commerciante), per acquistare un rudere assediato dai rovi, in un posto fuori dal mondo. La posizione però era davvero spettacolare, su un balcone naturale con vista mozzafiato e all'orizzonte la linea azzurra del mare, che sovrasta le cime dei monti liguri.

«Comprammo a debito un cumulo di pietre - racconta Cosimo - per costruirci un sogno: siamo persone che sognano parecchio. Per due anni ho vissuto in totale solitudine dentro una roulotte, in mezzo al bosco. Di giorno pulivo i terreni, poi ho iniziato a produrre frutta e verdura, che andavo a vendere in paese, al mercatino dei contadini. La sera a volte lavoravo come cameriere o come lavapiatti nei ristoranti sul mare. Quando sono riuscito a risistemare la prima parte della casa, dove potevamo abitare, sono arrivati anche Daniela, Alessia e Davide».

Il restauro del casale, datato 1840, è stato completato nell'estate del 1999. Oggi l'agriturismo e fattoria didattica La Cà dell'Alpe è un posto dove fermarsi a mangiare o a fare merenda all'aperto, sui lunghi tavoli di legno sotto l'incannucciata, e dove comprare le olive, l'olio e la verdura appena raccolta nel grande orto terrazzato (www.agriturismofinaleligure.it). È un albergo con sei stanze, più due casette in affitto, un posto dove incontrarsi, dove portare i bambini a giocare sulle altalene, a smanettare sul calcetto, a fare due tiri a ping pong, a sguazzare nel piscinone con tanto di scivolo, a mangiare cose cucinate apposta per loro, sui tre tavolini bassi e colorati con le seggioline di legno che hanno il gatto intagliato nello schienale. Ma è anche un piccolo campeggio, dentro un fitto castagneto, dove si può montare la propria tenda, oppure averne una in prestito, o affittare una roulotte, se si desidera stare più comodi. Ed è una

fattoria con sei papere, quattro cavalli, conigli, galli, galline e pulcini, naturalmente cani e gatti. Da qui si può scendere al mare oppure salire in arrampicata libera, sulle 1200 vie di roccia calcarea dei dintorni, o gironzolare quietamente nelle pinete a cavallo, in bici o a piedi, per stradine e sentieri, ascoltando le voci degli uccelli.
«Avevamo scelto questa zona - spiega Cosimo - perché qui c'erano sia le pareti di roccia (ho sempre avuto la passione dell'alpinismo), sia il mare per mia moglie e i bambini. In realtà poi siamo sempre troppo impegnati per riuscire ad arrampicare o ad andare in spiaggia. Tra cura dell'orto, dell'uliveto, del bosco e degli animali, cucina, ristorazione e ospitalità, manutenzione della struttura, ecc. abbiamo davvero tanto da fare. Ci aiuta solo Dennis, un ragazzo albanese di 27 anni, molto in gamba, che abbiamo assunto a tempo indeterminato perché mette passione ed entusiasmo in tutto quello che fa (i nostri figli, ormai adulti, vivono e lavorano a Londra: gli abbiamo dato le ali e, giustamente, sono volati via per seguire la loro strada). Però la vista del mare, la pace e la tranquillità, le soddisfazioni che ci vengono dal nostro lavoro ci ripagano di ogni fatica. Anzi, ora che ho 54 anni, mi piacerebbe molto fare una 'scuola di formazione all'entusiasmo' per mostrare ai ragazzi di oggi, troppo spesso scoraggiati e demotivati, quante opportunità ci sono nelle cose che li circondano, per insegnare loro a osare, ad avere coraggio, a sognare e a credere nei loro sogni».

L'agenzia dei viaggi avventura di Carlo Mamberto

Viaggiaconcarlo (www.viaggiaconcarlo.it) è nata dall'intento di far vivere ai viaggiatori le stesse situazioni vissute dalle guide in giro per il mondo - in Nepal, Tibet, Mongolia e Patagonia - offrendo loro l'occasione per fare un'esperienza unica e indimenticabile, che lascerà sicuramente qualche cosa di speciale: il contatto diretto con le popolazioni locali, gli itinerari studiati minuziosamente e perfettamente organizzati, accompagnati da una guida italiana che supporta costantemente un meraviglioso staff locale.

Nato 36 anni fa, già alla scuola elementare Carlo amava studiare la geografia, la storia, le capitali e le caratteristiche fisiche dei Paesi del mondo. Diplomatosi ragioniere, a 18 anni inizia a viaggiare: Guatemala, Messico, Costarica, Bolivia, Argentina. Trascorre alcuni anni in Sudamerica, una terra che ama moltissimo. Con il suo zainetto e la sua amaca fa un'indimenticabile attraversata del Rio delle Amazzoni, per giorni e giorni unico straniero sulla barca, tra i membri delle tribù locali: una pentola per tutti e sempre la stessa pietanza.

«Da quel momento - racconta - il viaggio diventa la mia vita. Dopo l'America latina, l'Asia. Diversi lunghi periodi in India mi fanno innamorare di questo Paese e di tutti i suoi paradossi. Da qui, inizio a esplorare il Nepal, che diventerà la mia seconda casa, o meglio la mia seconda vita. Nel frattempo, Australia e lunghi inverni passati al sud della Thailandia, dove nasce la passione che non ho poi mai lasciato: l'arrampicata (solo più tardi mi sono reso conto che la mia amata Finale Ligure è il paradiso di questa disciplina). Dopo lunghi va e vieni tra India,Thailandia e Nepal, il mio ritorno a Kathmandu diventa definitivo, insieme ad Andrea e Manoel, due cari amici che vivono tuttora in Nepal e, come me, portano gruppi di persone a fare trekking in Himalaya. Inizio il lavoro, girando Kathmandu in lungo e in largo, chiedendo prezzi, servizi, guardando foto... casualmente incontro Achut, manager e titolare di Himalayan Trailfinder, con cui nasce una bella amicizia e una proficua collaborazione: insieme spingiamo i nostri prodotti sul mercato italiano. Dopo circa un anno, registriamo per questo ramo di attività della compagnia Himalayan Trail Finder Adventure Centre il marchio 'Viaggiaconcarlo'. Il mio sogno si è finalmente avverato: viaggiare, viaggiare e viaggiare, tutta la vita! Stare con le persone, la montagna, il viaggio inteso come avventura pura e arricchimento culturale».

Oggi, il curriculum nepalese di Carlo Mamberto come trekking leader vanta oltre 35 uscite, tra trekking e spedizioni: non sono molti gli stranieri che hanno conosciuto una simile varietà di percorsi nelle diverse regioni dell'Himalaya.

## Laita, la contrada del gusto

Laita, nel comune di Altissimo (Vicenza), è un luogo magico per la sua storia, la sua cultura e i suoi antichi sapori, ma anche per lo spirito che anima il ristorante/bruschetteria/gelateria gestito dalla famiglia Bertinazzi: Giancarlo, Rosanna e i loro tre figli.

«Abbiamo intrapreso quest'avventura nel 2001 - racconta Giancarlo - abbandonando il lavoro a Vicenza per dedicarci a tempo pieno alla vita impegnativa, ma anche affascinante, di agrituristi prima e di ristoratori poi. I nostri figli avevano allora 16, 14 e 12 anni. Oggi possiamo condividere questa passione con loro, che ci mettono grande entusiasmo: per noi è davvero la realizzazione di un sogno. Tutto è iniziato più o meno per caso, anche se, in effetti, ero un po' stanco della solita routine. Lavoravo da 22 anni negli uffici della Coldiretti di Vicenza: mi occupavo del piano di sviluppo rurale e seguivo i giovani che, attraverso i finanziamenti comunitari, mettevano su una piccola impresa agricola. Mi sembrava però di non avere più l'entusiasmo dei primi tempi. In quel periodo aiutavo anche chi voleva aprire un agriturismo a svolgere tutte le necessarie procedure burocratiche. È stato proprio facendo questo lavoro di consulenza che ho conosciuto Idelma Cocco».

Lei voleva ristrutturare la contrada Laita, abbandonata da oltre 50 anni, che aveva ereditato dal padre, per affetto, ma anche per trarne un profitto. L'unica cosa che si poteva fare lì era un agriturismo, non si potevano ottenere i permessi per altre destinazioni d'uso. Così la signora Cocco è andata alla Coldiretti per compilare il piano agrituristico. In ogni caso, essendo commercialista con studio a Chiampo, non intendeva andarci a lavorare: lo avrebbe dato in affitto.

«Abbiamo fatto amicizia - continua Giancarlo - e, quasi per scherzo, le ho detto che, se non avesse trovato nessuno, ci sarei andato io. Siamo andati insieme a vedere quel rudere invaso dai rovi, con i tetti crollati, raggiungibile solo a piedi attraverso un piccolo sentiero, senza luce né acqua. Il progetto di ristrutturazione però era molto bello. Mossi dallo spirito di avventura, dal desiderio di novità e da una buona dose di incoscienza, abbiamo trovato un accordo con la proprietaria e aperto il nostro agriturismo, organizzando una grande festa di inaugurazione, una specie di sagra che ci ha fatto subito conoscere nella zona. Poi, siccome la gente veniva solo nei weekend, ci siamo inventati anche altre attività: fattoria didattica, caccia al tesoro nel bosco, campi scuola estivi. Anche i nostri figli facevano un po' da animatori e organizzavano i giochi con gli altri ragazzi».

I primi anni sono stati piuttosto duri da tutti i punti di vista. Poi Anna, Sara e Francesco sono cresciuti e si sono appassionati a questo lavoro, aiutati anche dagli amici, che tutti i fine settimana si trasferivano qui. Per dare loro l'occasione di esprimersi al meglio, mettendo a frutto anche il percorso di studi fatto, abbiamo trasformato l'agriturismo in ristorante/bruschetteria/gelateria. La posizione, sotto le montagne e a un'ora da Vicenza, è ideale per chi vuole fermarsi a mangiare, per poi farsi una bella passeggiata nei boschi.

«Siamo - dice Giancarlo - prima di tutto una famiglia che crede nell'ospitalità, nella semplicità e nell'accoglienza. Amiamo la contrada in cui viviamo, il territorio che la circonda e in particolar modo la sua cultura, la tradizione, i sapori e le suggestioni della Lessinia vicentina, che cerchiamo di riproporre ogni giorno nei nostri menù, nei nostri gelati e nelle nostre bruschette».

Anna, laureata in Progettazione del turismo culturale, cura i percorsi all'esterno e le serate a tema, ma cerca anche di trasferire nell'arredo e nell'allestimento delle sale il suo amore per i particolari. Sara, laureata in Dietistica e sommelier, segue la carta dei vini e delle birre, la gelateria e la pasticceria. Nel ristorante dedica particolare attenzione al corretto bilanciamento calorico del menù e alla leggerezza dei piatti. Francesco, diplomato all'Istituto alberghiero di Recoaro, è il giovane chef, capace di attualizzare i piatti della tradizione con passione e fantasia, ma sempre nel rispetto della stagionalità e del territorio. In cucina dà sapore e consistenza alla sua vena artistica, alle istanze dietetiche di Sara, alle richieste di Anna, che controlla la presentazione dei piatti, nonché alle

esigenze di bilancio di Giancarlo e Rosanna. Il ristorante è semplice e colorato, la sala decorata secondo la stagione, le tovaglie a differenti fantasie e motivi, in tema con l'ambiente e la stagionalità. La bruschetteria/gelateria privilegia la cura dei particolari e l'eleganza dell'arredamento, in stile provenzale rivisitato.
Il nome con cui questa contrada viene indicata già nei documenti del Seicento (*Laita del Lojaro* o *Laita del Righello*) appartiene alla lingua dei cimbri e significa riva, costa, pendio. Il vecchio agglomerato di case appare infatti adagiato proprio dove la pendice a tramontana del monte Astaro si fa meno erta e più esposta al sole. Fino alla seconda guerra mondiale vi abitava una piccola comunità isolata e nascosta di otto famiglie, in tutto cinquanta-sessanta persone. Dopo oltre mezzo secolo di totale abbandono, la Laita è tornata a vivere, perfettamente ristrutturata nel pieno rispetto dello stile originario. Ne risulta un insieme di costruzioni assai gradevole, in cui ogni elemento architettonico si fonde perfettamente con l'altro. Le case, le stalle, i porticati si adattano al pendio, dando quasi l'idea di un eremo medioevale immerso nel verde rigoglioso dei frassini, dei castagni, degli aceri e dei faggi.
Per informazioni: www.laita.it

'Il mondo che vorrei' di Matteo Fornari
È uno spazio aperto, popolato di cani che, invece di stare ore e ore a casa da soli, sentendosi abbandonati e magari disturbando i vicini con i loro latrati, in assenza dei proprietari salgono sullo 'scuolabus canino', cioè sul furgone di Matteo che li passa a prendere, e vanno a trascorrere la giornata in un posto dove possono correre, giocare, fare sport (agility) e imparare le regole base della buona educazione a quattro zampe.
Di professione tecnico informatico free-lance, a 32 anni Matteo decide di realizzare un sogno che coltivava già da bambino: occuparsi dei cani, per cui ha sempre avuto una grande passione. Da ragazzo ha fatto il volontario in canile e l'educatore cinofilo part-time. La decisione di trasformare questa passione in un lavoro a tempo pieno è scattata quando

l'azienda per cui lavorava, vicino a casa sua, gli ha chiesto di spostarsi in una sede lontana. Per lui, che aveva sempre avuto un cane, uscire la mattina presto e tornare la sera tardi sarebbe stato un problema, così ha iniziato la sua nuova attività facendo il dog sitter. Nel frattempo seguiva il corso organizzato da Libertas cinofilia per educatore cinofilo di terzo livello (il massimo) e alcuni stage di specializzazione, conseguendo così la qualifica di addestratore, educatore e rieducatore cinofilo.
«I clienti li trovo per passaparola - spiega Matteo - oppure mettendo locandine nei negozi, nelle aree cani e negli studi veterinari della zona. D'estate faccio anche una piccola pensione, tenendo nella mia casa di campagna non più di 5 o 6 cani (in genere quelli che già conosco, di miei clienti). Ora ho preso in affitto un terreno di 5000 metri, alle porte di Milano, in zona Idroscalo, per realizzare 'Il mondo che vorrei', un centro cinofilo di soggiorno diurno, attrezzato anche con strutture mobili impermeabili per le brutte giornate».

E dopo 100 rifiuti... 700.000 copie vendute!
Avvocato presso il Senato americano, Darcie Chan sognava di scrivere un romanzo. Ripescandola dai ricordi d'infanzia, decide di raccontare la storia di un ebreo, fuggito dalla Germania nazista, noto per la sua grande generosità nel paesino in cui era cresciuta sua madre. Ci lavora per tre anni, poi la corregge, lima qua e là, la fa leggere agli amici e la spedisce a 100 agenti letterari, che per 100 volte rifiutano la sua proposta. Non si scoraggia e decide di autopubblicarsi: carica il libro sul sito di Amazon e lo mette in vendita in formato Kindle a 2,99 dollari, ma non ottiene grandi risultati. Poi cambia strategia. Si rende conto che i grandi numeri dell'editoria self publishing sono fatti dai supereconomici, i mitici 0,99. Darcie investe 1000 dollari in una bella recensione e rilancia il suo ebook a prezzo stracciato. È la svolta: *The Mill River recluse* (*Cronache di piccoli miracoli* nell'edizione italiana) arriva a vendere 700.000 copie!

# Inventarsi un lavoro nel mondo del turismo

*L'organizzazione mondiale del turismo Unwto stima che entro il 2030 i turisti passeranno dal miliardo raggiunto nel 2012 a 1,8 miliardi. Grazie anche allo sviluppo di un turismo sempre più sofisticato e moderno, che stimola la voglia di relazione con luoghi diversi da quelli abituali, di vivere la vacanza come attività in cui esprimere la propria personalità, questo è uno dei pochi settori in grado di fornire nuove opportunità al mercato del lavoro. Le proposte si moltiplicano all'infinito, con i viaggi avventura, le escursioni naturalistiche, i trekking a piedi, a cavallo o in mountain bike, le vacanze abbinate ad attività creative e corsi di vario genere. Eppure, tenendo conto della specifica vocazione e posizione geografica dell'Italia, delle sue risorse culturali, storiche, artistiche e ambientali, il turismo nel nostro Paese non è ancora valorizzato al massimo delle sue potenzialità. Per svilupparsi ulteriormente, il settore turistico necessita di un'offerta completa: oltre al buon livello delle strutture ricettive, alla qualità dell'ambiente e alle opportunità culturali, deve proporre anche emozioni. Emozioni che rimangano nel cuore, determinando ricordi piacevoli e il desiderio di tornare.*

**Animatore nei club vacanze, negli alberghi e nei campeggi**

Aspetto piacevole e curato, buona cultura, conoscenza delle lingue straniere, capacità di ascoltare, interagire e socializzare: sono queste le doti degli animatori turistici, sempre impegnati in un lavoro di équipe come

istruttori sportivi, ballerini, attori, grafici, cabarettisti, per rendere più gradevole e coinvolgente la permanenza degli ospiti. Molti giovani lo fanno solo in estate, per qualche mese, ma i più bravi e appassionati, dotati di grinta, fantasia e doti organizzative, dopo qualche anno di 'gavetta', possono diventare capo-animatori, cioè professionisti ricercati.
Un animatore competente riesce a suscitare simpatia, magari anche stupore e meraviglia, è in grado di creare occasioni, percorsi ed esperienze attraverso cui le persone avvertono una maggiore partecipazione, acquisiscono stimoli e capacità, si sentono a proprio agio, in una condizione di benessere. Un'animazione moderna e di qualità richiede competenze interdisciplinari e professionali per accompagnare l'ospite in un approccio stimolante con gli ambienti, i luoghi, le popolazioni e le culture del territorio in cui si trova a soggiornare. Per fargliene cogliere non solo le possibilità di tipo ricreativo, ma anche quelle culturali, naturali e formative. Chi vuole imparare, può seguire corsi privati, organizzati direttamente dalle società di animazione, oppure finanziati da fondi regionali o europei.

### Accompagnatore turistico

È la persona che segue un gruppo in un tour, occupandosi di tutti gli adempimenti burocratici, dal check in all'assegnazione delle camere. Si tratta di un lavoro che richiede, oltre alla perfetta conoscenza di diverse lingue, anche una buona preparazione nel settore, grande adattabilità, molto senso pratico e la capacità di risolvere prontamente, sempre con il sorriso sulle labbra, gli immancabili imprevisti.
A questi requisiti bisogna poi aggiungere la passione, unita a un'ottima conoscenza dei luoghi che si andranno a visitare.

### Programmatore turistico: un lavoro creativo per chi ha spiccate capacità organizzative

Si tratta di una figura professionale a cui si rivolgono le agenzie di viaggi di dimensioni medio-grandi, i tour operator, a volte anche gli enti pubblici (per esempio, Comuni e Regioni), per rinnovare la propria offerta di prodotti turistici, sempre più spesso personalizzati a misura delle esigenze del cliente. Il programmatore turistico inventa, studia, prova e organizza nuovi itinerari di viaggio, generalmente supportato dal corrispondente del luogo, che gli fornisce tutti i riferimenti del caso. Si reca sul posto per visitare i luoghi più interessanti, verifica lo stato di alberghi e trasporti, prende contatti con l'Ente nazionale del turismo. Infine valuta tutte le informazioni e stende un programma dettagliato, tenendo conto dei costi e della fascia di mercato a cui è rivolto il viaggio. Può operare come dipendente o come free-lance (pagato in funzione della sua abilità e delle sue capacità di negoziazione), vendendo alle agenzie il 'prodotto finito', soprattutto quando si tratta di viaggi specializzati, a piedi, in bicicletta, in barca, di trekking a cavallo, di vacanze naturalistiche, di viaggi avventura in località sperdute e poco conosciute.

Oltre a quello di ideare, pianificare e collaudare nuovi pacchetti vacanza, completi di itinerari, location e intrattenimenti, il suo compito è anche quello di interpretare le esigenze dei clienti, grazie a uno spiccato orientamento al mercato e a una buona conoscenza sia dei desideri di chi viaggia, sia dell'offerta dei concorrenti diretti delle realtà per cui lavora. Deve definire i prezzi a cui proporre i pacchetti, da promuovere con la realizzazione di materiale informativo e promopubblicitario, per cui è indispensabile che abbia anche competenze economico-finanziarie e amministrative, che gli consentano di mettere a punto prodotti capaci di garantire un buon rapporto qualità/prezzo e ricavi apprezzabili per i committenti. Tra gli altri requisiti per poter fare questo lavoro, ci sono una buona conoscenza dei software specifici di programmazione turistica, delle tecniche di marketing e di acquisizione dei clienti, nonché la perfetta padronanza di almeno due lingue straniere. Per quanto riguarda poi le caratteristiche personali, il programmatore turistico deve avere una spiccata capacità organizzativa, deve essere intraprendente, dotato di spirito di iniziativa, orientato al problem solving, dinamico e predisposto al contatto umano. Chi si propone per questa professione, ha conseguito quantomeno un diploma di scuola media superiore (di solito perito turistico o tecnico dei servizi turistici), sempre più spesso un diploma di laurea in Economia o in Sociologia del turismo, magari anche un master a indirizzo socio-economico-turistico.

Per ulteriori informazioni nel campo delle professioni legate al turismo:
- **Enit**, Ente nazionale italiano per il turismo (www.enit.it)
via Marghera 2/6 - 00185 Roma
tel. 06 49711, fax 06 4463379 - 06 4469907, sedecentrale@enit.it
- **Aiat**, Associazione italiana accompagnatori turistici
(www.accompagnatorituristici.com) via Imbriani 22 - 06122 Perugia
tel. 075 3723061, fax 075 3723061, info@accompagnatorituristici.com
- **Uet**, Istituto europeo per il turismo (www.uetitalia.it)
via del Mascherino 75 - 00193 Roma
tel. 06 68805845, fax 06 68217042, uet@alfanet.it
- **Sdoa**, Scuola di direzione e organizzazione aziendale (www.sdoa.it)
via G. Pellegrino, 19 - 84019 Vietri sul Mare (SA)
tel. 089 761166, fax 089 210002, sdoa@sdoa.it
- **Mib** - School of Management (www.mib.edu)
Palazzo del Ferdinandeo, via C. de Marchesetti 6 - 34142 Trieste
tel. 040 918811-31-41, fax 040 9188112, info@mib.edu
- **Sist**, Scuola internazionale di scienze turistiche (www.sistmanagement.it)
via dell'Esperanto 24 - 00144 Roma
tel. 06 5920751, fax 06 5920032, info@sistmanagement.it
- **Actt**, Accademia di commercio e turismo (www.acttrento.net)
via Asiago 2 - 30100 Trento
tel. 0461 382322, fax 0461 921186, info@ACTTrento.net, actt@acttrento.net

Può valere la pena di visitare anche questi siti:
www.associazionenazionaleanimatori.it
www.animationtourism.com
www.samarcanda.com
www.blueanimationteam.it
www.comune.torino.it/infogio/lavoro_estivo/offerte_lavoro_animatori.htm

Vacanze speciali per 'cuori infranti'
Oltre alle agenzie specializzate in viaggi per single, che esistono già da anni, oggi c'è anche l'agenzia che offre soggiorni per i single 'di ritorno': la tedesca Die Liebeskuemmerer si rivolge infatti a chi ha il 'cuore infranto', organizzando soggiorni di 4-7 giorni per gruppi di 6-8 persone. Uomini e donne, giovani e anziani, persone di qualsiasi orientamento sessuale, accomunate però dal fatto di soffrire per amore, si ritrovano insieme in baite di montagna o in capanne in riva al mare. Soggiornare in luoghi piacevoli e rilassanti, condividere la propria esperienza con altre persone, nonché usufruire sia del supporto di psicologi e consulenti, sia di un insieme di servizi studiati ad hoc li aiuta ad affrontare più serenamente e a superare le pene d'amore. Oltre al soggiorno, il 'pacchetto' comprende infatti colloqui psicologici individuali e di gruppo, sessioni di fitness, esercizi di rilassamento e varie pratiche pensate per migliorare il benessere della persona, aiutandola a ritrovare la perduta vitalità. L'idea è senza dubbio curiosa, ma innovativa e forse interessante.

## Creare gli eventi, cogliere le opportunità, sfruttare le sinergie

Il fare vacanza è ormai un fattore che contribuisce a promuovere una nuova qualità della vita: viaggiare, conoscere posti nuovi, intrecciare nuove relazioni e nuovi rapporti diventano elementi fondamentali di un turismo vissuto come occasione per utilizzare il tempo libero anche sotto il profilo culturale e formativo.
Chi viene a visitare il nostro Paese cerca autenticità e spirito italiano. Tra i principali interessi dei viaggiatori ci sono notoriamente il paesaggio, le bellezze naturali, l'arte e la cultura, lo shopping e la buona cucina, ma oggi sempre più persone sono attirate anche da trekking, avventura, attività all'aria aperta.
Identificare correttamente il pubblico di riferimento e i suoi gusti, mettere a fuoco i punti di forza del territorio, organizzare le risorse e valorizzare l'offerta turistica nel suo complesso, creando eventi ad hoc e poli di aggre-

gazione, sono dunque le carte vincenti di una strategia che consente di sfruttare al meglio l'enorme potenziale del turismo. Siamo pur sempre il giardino d'Europa, il forziere del mondo che detiene l'80% dei beni culturali, il luogo del pianeta dove si cucina e si mangia meglio!

### Sármede, il paese delle fiabe

Nel territorio intriso di leggende millenarie, che si estende tra la Foresta del Cansiglio e i vigneti del Valdobbiadene, ai piedi delle Prealpi trevigiane, non è difficile incontrare omini con ali di farfalla, potenti zar, principi coraggiosi, diavoli e sciamani, corvi, lupi, streghe buone o cattive, animali che danzano e suonano, foreste abitate da creature misteriose. Grazie alla Mostra internazionale d'illustrazione per l'infanzia, che da trent'anni nel periodo ottobre-gennaio invade le sue strade con esposizioni, laboratori per bambini, letture animate, incontri con illustratori ed editori, questo borgo della provincia di Treviso è diventato il paese delle fiabe. Tutto parte da Štěpán Zavřel, noto illustratore di Praga, che, dopo aver peregrinato tra Monaco, Londra e New York, è arrivato a Sármede e se ne è innamorato. Ci è rimasto trent'anni, fino alla morte, lasciando in eredità, oltre a numerosi affreschi (che sono tuttora motivo di richiamo per i turisti), l'idea di un'esposizione dedicata alla fantasia e di una Scuola dell'illustrazione, che dal 1991 è frequentata da ragazzi di tutto il mondo.

La Mostra richiama da anni una media di 10.000 visitatori, di cui circa 6000 si fermano alcuni giorni per frequentare i laboratori di disegno. La scuola accoglie ogni anno un certo numero di docenti e centinaia di allievi, molti dei quali provenienti dall'estero. Così il paese diventa luogo di incontro tra illustratori ed editori, in un'atmosfera internazionale e quanto mai stimolante.

Tra corsi di illustrazione autunnali ed estivi, laboratori, bookshop e negozi di colori, guide turistiche e animatori, le possibilità di lavoro si moltiplicano in maniera esponenziale. Ovviamente, tutta la comunità locale (3200 persone) trae vantaggio da questa economia, che ruota intorno al mondo delle fiabe: in zona sono nate nuove strutture ricettive, ristoranti, bar, negozi e attività artigianali.

## Il 'caso' Finalborgo

Il caso di Finalborgo è un esempio particolarmente interessante di come la valorizzazione del territorio e dell'offerta turistica possa favorire la nascita di numerose e svariatissime attività.
Situato a 1,5 km dal mare, Finalborgo è un rione del comune di Finale Ligure (SV), un tempo decisamente marginale rispetto ai quartieri di Finalmarina e Finalpia: la maggior parte delle persone che trascorrevano le vacanze al mare, magari da anni e anni, non aveva mai visitato l'antico borgo medievale. Molti ne ignoravano addirittura l'esistenza, altri ci andavano solo per il gelato del Bar Centrale, che in zona aveva una certa fama, per vedere il mercatino dell'antiquariato, che si teneva una volta al mese, o magari per mangiare i focaccini caldi alla festa della Croce Verde.
Negli anni '70-80 l'amministrazione comunale pensò di accedere ai finanziamenti della Comunità europea per la riqualificazione di questo contesto urbano, piuttosto povero e degradato. Il Comune riuscì ad avere il trecentesco Complesso monumentale di Santa Caterina, prima adibito a carcere, che negli anni '90 venne completamente ristrutturato, diventando poi un importante contenitore culturale: nei suoi spazi (Auditorium, Sala congressi, Museo archeologico, Biblioteca Mediateca finalese, Oratorio dei disciplinanti e due splendidi chiostri) ospita tutto l'anno mostre, convegni, concerti, spettacoli teatrali e numerosi eventi di vario genere (Domeniche in borgo, Doc in borgo, Musica in museo, Percorsi sonori, Salone dell'agroalimentare ligure, Fiori di Riviera, Festa dell'inquietudine, ecc.).

## Anche il Comune fa la sua parte gestendo bene le risorse

Nel 2012 a Finalborgo, Finale Marina, Finale Pia e Varigotti sono state complessivamente organizzate quasi 600 manifestazioni, coordinate generalmente dal Comune, in particolare dall'assessorato al Turismo, insieme ad altri enti e, in qualche caso, con il sostegno della Regione Liguria. Nonostantc la crisi, non sono previsti tagli.
«Con il loro impegno e grazie alle loro conoscenze - spiega Flaminio Richeri, sindaco di Finale - il nostro assessore e il direttore della biblioteca riescono

a fare davvero i salti mortali. Molte volte riusciamo anche a 'sfruttare' gli allievi della locale Accademia musicale. Abbiamo bravi funzionari e una buona rete di rapporti con associazioni locali e banche, che danno il loro contributo. Evidentemente, sappiamo amministrare bene le risorse di cui disponiamo e siamo attenti a non sprecarle. Io mi muovo quasi sempre in bicicletta, comunque l'automobile a disposizione di sindaco e vicesindaco è una Panda. Come tutti i comuni, siamo gemellati con altre città: le spese di viaggio sono a carico di chi ci va».

## Capitale degli sport outdoor

A fianco delle iniziative culturali, si sono moltiplicate a Finale Ligure anche quelle legate alle attività sportive, che sono valse alla cittadina il riconoscimento di Capitale degli sport outdoor e di European Town of Sport per il 2012. Scalatori, arrampicatori e free climber arrivano qui in tutte le stagioni, da ogni parte d'Italia e d'Europa: hanno a disposizione ben 2000 percorsi, 50 km lineari attrezzati e falesie calcaree, che formano pareti alte fino a 80 metri, alcune delle quali a strapiombo sul mare. Gli appassionati di mountain bike, freeride, downhill e trekking scoprono circuiti spettacolari, tra la macchia mediterranea, il mare e le Alpi, con panorami mozzafiato.
Nata nel 1999, la 24h of Finale (www.24hfinale.com) è oggi una delle più importanti competizioni di mountain bike nel mondo. Intorno alla gara viene organizzato anche il Mountain Bike Festival, un momento di aggregazione a base di concerti dal vivo, spettacoli, cibo, birra locale, intrattenimento per bambini, tour, stand ed eventi collaterali. Non mancano poi le occasioni per praticare il running: RunRivieraRun è la mezza maratona di ottobre, lungo un percorso da Varigotti a Loano, passando per Finale e Finalborgo, che diventa un evento nazionale e internazionale in cui lo sport e la scienza si incontrano per parlare di alimentazione, benessere e salute. E chi vuole invece dedicarsi all'archeotrekking può ripercorrere i luoghi che videro transitare Romani, Longobardi, Saraceni e Spagnoli, stabilendovi i loro insediamenti.

Ovviamente, ogni manifestazione prevede spazi espositivi per gli sponsor, punti di ristorazione, apertura straordinaria dei negozi, vendita di attrezzature, abbigliamento e accessori...
Rendendo più attrattivo e fruibile l'antico borgo medioevale (che nel 2004 è stato ammesso al prestigioso Club dei borghi più belli d'Italia), grazie a una molteplicità di iniziative interessanti, si è raggiunto non solo l'obiettivo di incrementare l'afflusso di turisti, ma anche quello di farli rimanere in zona più a lungo e ritornare più volte. Una dopo l'altra sono fiorite nuove attività, che hanno valorizzato questa contrada, facendone un luogo unico nel suo genere, capace di attrarre visitatori da mezzo mondo. Hanno aperto bar, ristoranti, bistrot, focaccerie, agriturismi e bed&breakfast, diverse botteghe artigianali-artistiche, la libreria-internet point ('Nel Borgo non c'è il mare... ma da noi puoi navigare'), alcuni negozi di attrezzature sportive, rivenditori e riparatori di mountain bike, agenzie specializzate in viaggi avventura, escursionismo e trekking... Ci sono anche la specialista del trompe l'oeil e dei soffitti decorati con foglia d'oro o d'argento, l'ufficio delle guide alpine, la lavanderia a gettone con internet point (nello stesso locale, da una parte le lavatrici e le asciugatrici, dall'altra i computer, così, mentre fa il bucato, il turista può accedere all'email)...
Lo spirito di appartenenza ha poi favorito la nascita di alcune associazioni, alle quali aderiscono artigiani, commercianti e ristoratori, che insieme hanno sviluppato utili sinergie e creato marchi di qualità legati al territorio. Finalborgo.it si propone di promuovere e sviluppare le attività produttive degli associati, contribuendo al tempo stesso alla valorizzazione storica, culturale e artistica del borgo, attraverso iniziative di animazione e informazione, eventi e spettacoli. Riunisce 70 diverse realtà e un centinaio di persone, raggruppate in corporazioni di attività omogenee (artigiani alimentari, artigiani e artisti, aziende agricole, bar, commercio, liberi professionisti, locande, ristoranti, sport e servizi), ispirate alle tradizioni medievali delle arti e dei mestieri, nella convinzione che condividere obiettivi comuni aiuti ogni singola impresa a crescere. La Corporazione degli artigiani e artisti ha poi ideato il marchio 'Fatto a mano a Finalborgo' per garantire uni-

cità, qualità e valore delle creazioni pensate e realizzate nei laboratori locali. Una card consente a chi li visita tutti di completare la raccolta di timbri che dà diritto a uno sconto del 10% sugli acquisti in ognuna delle sei botteghe aderenti all'iniziativa.

L'ufficio delle guide alpine

Che cosa fanno a Finalborgo le guide alpine (www.risemountain.it) lo spiega una di loro, Matteo Canova, che vive a Priola, nel cuneese, ma fa base qui per la sua attività: «In Italia l'arrampicata è nata proprio a Finalborgo e ad Arco di Trento, ma qui, grazie al clima mite, si arrampica tutto l'anno. Questa possibilità attira un gran numero di turisti, non solo italiani, ma anche stranieri, europei, russi, americani e sudamericani: in primavera e in autunno c'è tutto il mondo! Il nostro territorio piace molto, perché offre la possibilità di abbinare mare e montagna, spiaggia e trekking, vela e bicicletta, arrampicate sulle scogliere a picco sul mare, uscite nelle grotte, canyoning... Dal 2010 nel mese di ottobre organizziamo anche una bellissima festa, Finale for Nepal (www.finalefornepal.org), con gare sportive, trekking con gli sherpa, attività ludiche e arrampicata per i bambini, mercatino agroalimentare e artigianale, mostre fotografiche, filmati, musica, spettacoli di strada e la realizzazione di un grande mandala, opera dei monaci buddhisti. Alla riuscita della manifestazione, che è anche un progetto di volontariato sportivo e sociale, contribuiscono molte attività locali: qualcuna fa parte del comitato organizzatore, le altre offrono una sponsorizzazione».

Da ragazzo Matteo ha frequentato il liceo scientifico e, laureatosi poi in Disegno industriale al Politecnico di Torino, ha lavorato per due anni come progettista per Ferrino, azienda torinese produttrice di tende, zaini, attrezzature per arrampicata ed escursionismo.

«Il lavoro mi piaceva e avevo un contratto a tempo indeterminato - racconta - ma ero stanco della città, così ho deciso di cambiare vita. Amo da sempre la montagna: a 3 anni e mezzo già sciavo, da ragazzo mi sono appassionato anche alla speleologia. Così ho partecipato alla se-

lezione nazionale in ambiente montano per diventare guida alpina e sono riuscito a superare tutte le prove previste (arrampicata, ghiaccio, sci fuori pista, sci in pista, soccorso organizzato in montagna), che si svolgono nell'arco di una settimana. A quel punto (avevo allora 25 anni) lascio Torino e il posto sicuro in azienda, per iniziare il mio percorso verso un lavoro diverso. All'improvviso davanti a me si apre un nuovo mondo».
Passata la prima selezione, Matteo può accedere ai corsi guida nazionali: 120 giorni distribuiti su 24 mesi, con 6 moduli formativi e 6 moduli valutativi. Diventa 'aspirante guida alpina' e può accompagnare gli escursionisti, sia pure con alcune restrizioni, soprattutto all'estero. Dopo altri due anni e il superamento di un esame che dura 20 giorni, ottiene definitivamente il titolo di guida alpina. A completamento del suo percorso professionale ha conseguito anche la specializzazione in elisoccorso per le province di Torino, Alessandria e Cuneo.
A Finalborgo la guida alpina Matteo Canova si appoggia al negozio Salewa, con cui ha un contratto di collaborazione. Oltre alle escursioni nel Finalese e in altre zone dell'Italia, organizza e guida anche viaggi e trekking a tematica alpinistica (arrampicata e sci alpinismo) in Marocco, Grecia, Norvegia, Turchia, Giappone, Nepal, Patagonia.

'Pomo-d'Oro', la stuzzicheria di Margherita e Matteo

'Una gustosa esperienza da assaporare all'interno delle mura antiche'.
Originari di Lecco, dove per sopravvivere avevano fatto mille lavori (lui giardiniere, addetto alla ricarica delle macchinette del caffé, collaboratore di Legambiente; lei barista, cameriera nei ristoranti, commessa, babysitter, impegnata nella vendita di spettacoli teatrali), andavano in vacanza a Finale Ligure da tanti anni, finché una volta si sono chiesti: «Perché a settembre dobbiamo tornare nelle nebbie di Lombardia? Visto che comunque non abbiamo un lavoro sicuro, che cosa ci impedisce di rimanere qui?».
Così, all'età di 30 anni, hanno deciso di aprire un'attività in proprio. All'inizio, avevano anche pensato di chiedere un finanziamento, ma poi,

scontrandosi con 'la babilonia della burocrazia', si sono ben presto resi conto che non era per niente facile ottenerlo. Avendo bisogno di lavorare e non potendo aspettare chissà quanto, si sono arrangiati da soli, con i loro risparmi e con l'aiuto dei familiari. Nel giro di qualche mese, sono riusciti a prendere in affitto quello che era stato per 20 anni il magazzino di un elettricista e, insieme al proprietario stesso, lo hanno risistemato, ripulito e imbiancato.

Pensavano di aprire una 'briocheria' (preparazione e vendita di tante brioche diverse, di tutti i tipi) o una friggitoria. Poi però si sono resi conto che la canna fumaria del locale era stata chiusa, quindi potevano installare solo un forno elettrico. Studiando meglio il posto e la situazione, si sono orientati sulla gastronomia. In passato Margherita aveva chiesto a un amico pasticciere di insegnarle qualcuno dei suoi segreti, perché nella vita può sempre fare comodo: era arrivato il momento di mettere in pratica quello che aveva imparato.

«Cerco sempre di preparare cose appetitose, ma leggere - dice - come farei a casa, per noi, o come facevo per i bambini, durante le 'vacanze natura' di Legambiente. Uso tanta verdura: quella del mio orto e quella acquistata dal vicino di casa, che ha una piccola azienda agricola. Con lui c'è un bellissimo rapporto di scambio, possiamo addirittura chiedergli di piantare quello di cui abbiamo bisogno, in base alle preferenze dei clienti (per esempio la zucca mantovana, che da queste parti invece non viene molto usata). Qui ci sono ancora una dimensione paesana e l'abitudine dell'aiuto reciproco, cose che oggi non è facile trovare».

Contenti di aver fatto questa scelta? Sicuramente sì: «Nonostante la voracità del fisco, che ti porta via troppo, lavorare per sé è un'altra cosa e dà veramente molta soddisfazione. Per di più, dopo un primo intoppo, siamo riusciti a trovare anche una casa, proprio in Contrada Valle, la zona in cui sognavamo di andare a vivere. Insomma, ci siamo convinti che nella vita, se sei capace di desiderare la cosa giusta, se poi ci credi davvero e non ti lasci scoraggiare da qualche inevitabile difficoltà, alla fine riesci a realizzarla».

La politica di Margherita e Matteo è quella di mantenere prezzi ragionevoli: «Preferiamo guadagnare qualche cosa in meno, ma venire incontro alle persone, che così tornano più spesso».

Arti...ficio, il negozio di collane, orecchini e bijoux artistico-artigianali «Ho scelto Finalborgo - racconta Italia - perché è un posto speciale, perché ci sono affezionata e perché è il luogo ideale per una piccola attività come la mia: qui tutti si conoscono e si danno una mano. Siamo un gruppo piuttosto affiatato di artisti-artigiani e il fatto di ritrovarci in tanti dentro le mura di un piccolo borgo è sicuramente stimolante, sia per noi, sia per chi ci viene a trovare. Insieme abbiamo anche creato 'Fatto a mano a Finalborgo', un marchio di qualità e un codice di autoregolamentazione, perché il bello dell'artigianato è fare pezzi unici e noi vogliamo che siano anche tipici del luogo.
«Qui ho poi avuto la fortuna di incontrare una persona splendida: Giovanni, il proprietario dei muri del mio negozio, che mi ha aiutata e sostenuta in tutti i modi. Per me è una figura molto importante, quasi uno zio, che passa a trovarmi tutti i giorni. Poi andiamo insieme a prendere il caffè, chiacchieriamo e mi dà tanti buoni consigli. Quando avevo appena aperto, non sapevo usare la stufa: una mattina ho trovato il negozio già bello caldo, perché era venuto lui prima di me ad accenderla».
Dalla Lombardia Italia è arrivata in Liguria 15 anni fa, quando al suo fratellino, di soli 6 mesi, venne diagnosticata una gravissima forma di asma bronchiale. Le alternative prospettate dai medici erano solo due: ricovero in ospedale o trasferimento al mare. Nel giro di pochi giorni, in famiglia hanno coraggiosamente deciso per la seconda soluzione. Lei frequentava allora la prima media e qui ha proseguito gli studi, completandoli con la scuola di grafica pubblicitaria, dove ha trovato insegnanti a cui riconosce il merito di averla aiutata a trovare la sua strada. Fin da piccola amava inventare collanine, braccialetti, piccole cose, usando perline, bulloni, caramelle e tutto quello che le capitava per le mani. A 14 anni ha avuto quella che definisce 'una vera fortuna': incontrare un anziano

artigiano del legno, che vendeva la sua produzione alle fiere e sui mercatini. Data l'età, Luciano faceva però un po' fatica a gestire da solo questa attività, a montare il banco e a stare tutto il giorno in piedi a vendere, perciò cercava qualcuno che lo potesse aiutare, ma i soldi erano pochi, dunque per lui non era facile trovare un collaboratore. La giovanissima Italia ha visto in questa possibile 'joint-venture' una preziosa opportunità: avrebbe imparato ad allestire e gestire un banco di vendita, mettendoci per di più anche le sue creazioni e ricavandone così qualche soldino tutto per sé (il che per lei, ancora ragazzina, era già una bella soddisfazione).
Forte di questa esperienza, una volta terminati gli studi, a poco più di 18 anni ha aperto a Finalborgo la sua bottega artistica, dove, usando le resine in polvere e tanti materiali di riciclo (carta, alluminio, rame, plastica, pluriball), crea orecchini, collane e braccialetti coloratissimi, accessori divertenti e originali, vestiti, punti luce (bellissime le lampade fatte con le latte grandi dei pelati). Tutte cose semplici ma, al tempo stesso, molto particolari e sempre un po' giocose.
«Lavoro tanto su commissione - dice Italia - realizzando quello che le persone desiderano, soprattutto ciondoli e orecchini per tutti i gusti, a volte modernissimi, a volte riproduzioni di modelli antichi. Tanti dei miei clienti ritornano da me ogni anno, magari solo per salutarmi».

Sbuccia: di tutto un po', nel cuore di un antico borgo medioevale

Caffetteria, design artigianale e grafica, frullati e centrifughe, degustazione di sapori e vini... Gigi e Giulia, di Piacenza, sono grafici pubblicitari. Per un trentennio hanno lavorato nello studio che lui ha ereditato dal padre, pittore/disegnatore/grafico, e collaborato con altri studi di grafica e di architettura, sviluppando diversi progetti, alcuni dei quali piuttosto importanti. Una decina di anni fa hanno iniziato a trascorrere le loro vacanze a Varigotti, un piccolo, antico borgo saraceno sulla Riviera Ligure di Ponente. A poco a poco si sono affezionati a quei luoghi e hanno cominciato a pensare che sarebbe stato bello viverci, intraprendere un'attività sul mare, dove mettere a frutto le loro passioni e le loro competenze: l'ambiente, l'accoglienza, la caratterizzazione dei locali. Contemporaneamente, il loro lavoro abituale ha avuto una battuta d'arresto. In ogni caso, avevano già previsto di non poter continuare per tutta la vita, così, a 50 anni, sposati da 30, con due figlie di 20 e 10 anni, hanno deciso che era venuto il momento di cambiare. L'idea è stata, fin da subito, quella di aprire una caffetteria-bistrot, che offrisse non solo consumazioni, ma anche uno spazio gradevole e una selezione di oggetti in vendita, originali, particolari, scelti con un certo gusto (borse, ceramiche, stampe, complementi di arredo, gadget). Tutto è stato studiato nei dettagli, dall'offerta di torte fatte in casa, alle ricette dei centrifugati di frutta e verdura, alla 'colonna sonora', una compilation creata con l'aiuto della figlia maggiore.

«Visto che da noi gli ospiti si fermano volentieri - racconta Giulia - abbiamo pensato che dovesse essere un po' come aprire agli altri la nostra casa, ma più in grande».

Hanno iniziato vendendo la casa di Piacenza per acquistarne una a Finale Ligure, frequentando il corso di formazione indispensabile per avere la licenza e qualche corso pratico 'intensivo', organizzato da un'associazione di categoria. Prima di decidere l'impostazione e l'offerta del loro locale, sono andati a vedere che cosa c'è di simile altrove, soprattutto in Francia e a Milano. Hanno studiato le proposte di alcune catene in franchising con un profilo 'verde'. Su consiglio di un'amica, che ha un negozio di oggettistica, hanno visitato il Macef di Milano, dove sono riusciti a trovare alcune cose particolari e interessanti.

Del progetto iniziale, che era quello di sistemarsi sul mare, hanno subito visto alcune difficoltà pratiche: innanzitutto la ricerca di un locale libero, poi il problema della lunga stagione invernale, quando non c'è in giro nessuno.

Grazie anche all'aiuto e ai consigli delle persone con cui avevano fatto amicizia - titolari di un'azienda vinicola, di un chiosco, di un'edicola - sono riusciti a trovare una macelleria ormai sfitta nel centro di Finalborgo.

«Dobbiamo ringraziare moltissimo internet, dove abbiamo trovato fornitori, consigli, idee, risposte a tutti i nostri dubbi, oggetti interessanti a prezzi interessanti... - dice Giulia - senza la rete sarebbe stato tutto molto più difficile. Usando la testa, beninteso, sul web si possono scovare risorse di tutti i generi».

Riviera Outdoor, il Bike Store di Luca Bondi

«Per una serie di fortunate coincidenze - dice Luca - Finalborgo è diventata il punto di riferimento per chi cerca qualcosa in più del solito mare e della solita spiaggia. Quello che mi ha fatto decidere di aprire proprio qui il mio negozio è stato trovare tante persone appassionate di sport all'aria aperta e vedere che da queste parti si organizzano un'infinità di manifestazioni interessanti, cercando di interagire in tutti i sensi con nuove proposte».

Studente di Ingegneria meccanica e amante delle due ruote fin da ragazzino, a 30 anni Luca aveva già alle spalle una lunga esperienza di manutenzione e riparazione delle sue biciclette. Nel 2003, volendo avviare un'attività in proprio, ha iniziato a organizzare escursioni turistiche in mountain bike lungo i sentieri del Ponente Ligure. Da lì alla vendita e riparazione di biciclette il passo è stato breve. In seguito ha fatto società con un amico che ha un negozio uguale al suo a Savona.

Lui ha scelto invece Finalborgo, punto di ritrovo, partenza e arrivo per arrampicatori e free climbers, che negli ultimi 15 anni è diventata anche un importante polo di attrazione per gli appassionati di mountain bike. Tutto è partito da Mauro Bertolotto, importatore di biciclette americane di alta gamma, e da un albergatore della zona, che hanno messo a punto un pacchetto turistico ad hoc: bici in prova, bici a noleggio per escursioni guidate nel territorio finalese, rimessa video-sorvegliata per le biciclette dei clienti e officina per le piccole riparazioni. Tutto all'interno dell'albergo. Conoscendo molto bene gli eventi ciclistici americani, il distributore di mountain bike e componentistica ha iniziato a organizzare le prime competizioni, in particolare la '24h of Finale', che è stata la prima gara di

questo tipo in Italia. Diventata ormai la più significativa a livello europeo, oggi fa parte del circuito mondiale delle 24h disputate in solitaria e con il suo tracciato straordinario (tra panorami mozzafiato, single tracks sinuosi nella macchia mediterranea e tratti tecnici alternati a divertentissimi toboga) richiama migliaia di appassionati da tutto il mondo.
Oltre a vendere e riparare biciclette, Luca cura anche l'organizzazione di escursioni a due ruote: «Così, oltre a stimolare la passione per uno sport bellissimo, faccio in modo che le bici vengano utilizzate e che si venga quindi a creare il bisogno di manutenzione, riparazione e sostituzione con nuovi modelli». Promuove la sua attività nel sito Finale Ligure bike resort (www.finaleligure-bikeresort.com), insieme ad altre aziende locali specializzate nel settore della Mtb, che intendono collaborare tra loro e mettere a sistema la propria esperienza: l'obiettivo del progetto è non solo proporre nuove avventure agli appassionati di questo sport, ma anche facilitare la ricerca di tutti i servizi che completano l'offerta della vacanza, garantendo al cliente un elevato livello qualitativo.

# Mettersi in proprio

*Prima o poi a tutti capita di pensarci: aprire un negozio, un bar, un ristorante, oppure avviare un asilo nido, creare una società o una cooperativa insieme agli amici... Il più delle volte però non si va oltre la pura e semplice fantasia, perché prevalgono l'incertezza, la paura di non farcela, di non avere l'idea giusta o l'età per provare a metterla in pratica, di non trovare persone affidabili con cui affrontare l'impresa, di non saper fare un business plan e di non avere i capitali necessari per partire. Di fronte a queste difficoltà, si preferisce lasciar perdere, rinunciare e rassegnarsi magari a una situazione ormai insoddisfacente. Perché invece non provare? Sapendo però che il cambiamento va programmato e preparato con la massima attenzione.*

## Da dove partire?

La prima cosa da chiedersi è: «Che cosa rappresenta per me il lavoro?». Solo un mezzo per fare soldi, per vivere e sopravvivere? Una specie di maledizione, l'espiazione del peccato originale? Un diritto, ma anche un progetto attraverso cui esprimere competenze e capacità, per raggiungere un maggiore livello di benessere? La voglia di realizzare qualche cosa che sia utile anche agli altri?

Per decidere da dove partire è necessario fare un bilancio delle proprie esperienze, dei desideri e delle insoddisfazioni, in modo da trovare il coraggio di cogliere al volo il desiderio di cambiamento. Può essere molto utile stilare su un foglio la lista dei propri punti di forza e di debolezza: che cosa si è capaci di fare? Che cosa invece no? Quali esperienze si sono maturate?

Quali sono stati i successi in ambito professionale? E gli insuccessi? Si è capaci di comunicare efficacemente con gli altri? E di ascoltarli? Nella stesura di questo bilancio è consigliabile farsi aiutare da qualcuno che ci conosce bene ed è capace di essere davvero obiettivo.
La seconda lista da fare è quella dei motivi che spingono al cambiamento e delle ragioni che invece suggerirebbero di rimanere nello status quo. Qual è il livello attuale di soddisfazione economica e professionale? E quali sono le prospettive per il futuro? Come sono i rapporti con il capo e con i colleghi? Quali problemi creano gli orari di lavoro, gli spostamenti, più in generale i vincoli derivanti dalla situazione attuale?
Quali vantaggi si potrebbero trarre da un eventuale cambiamento? Che cosa non si riesce più a sopportare? Come si vorrebbe vivere, che cosa si vorrebbe vedere, provare, creare? Che cosa si vorrebbe fare veramente? Si ha la formazione adeguata per realizzare le proprie aspirazioni o è comunque possibile riuscire ad averla in tempi ragionevoli?

Alcuni siti internet possono aiutare l'aspirante imprenditore a chiarire questi dubbi. Per esempio, http://cd.univr.it/tai_sole, il sito su cui compilare un 'Test di attitudine imprenditoriale' che rileva le inclinazioni personali a un lavoro autonomo e imprenditoriale, la propensione al rischio, il livello di attitudine alla leadership e la capacità di proporre idee innovative.
Oppure http://www.bic-italia.net, il portale dell'associazione italiana dei business innovation center, che offrono servizi di consulenze alle singole imprese. O ancora www.giovaneimpresa.it, il portale per l'imprenditoria giovanile, che dà informazioni a chi si accinge ad avviare un'impresa, con una sezione riservata ai bandi aperti, suddivisi per regione.
Su www.cliccabusiness.it e www.creaimpresa.it, incubatori di imprese online, vengono presentate oltre 1500 idee di business per mettersi in proprio.
La maggior parte delle attività autonome comporta necessariamente l'apertura di una partita Iva: per sapere come si procede, basta andare su www.agenziaentrate.gov.it e inserire 'partita Iva' nel motore di ricerca.

Per avviare un esercizio commerciale nel settore alimentare, un bar, un ristorante o comunque un'attività di somministrazione di alimenti e bevande non occorre più l'iscrizione al Rec (abolito definitivamente con legge 248/06), ma è necessario rivolgersi ai Comuni, a cui spetta il compito di concedere l'autorizzazione dopo aver accertato i requisiti morali e professionali di chi la richiede.
I requisiti professionali sono: essere in possesso di un diploma di scuola alberghiera o titolo equivalente legalmente riconosciuto, oppure aver frequentato con esito positivo uno specifico corso professionale, oppure aver prestato la propria opera, per almeno due anni nell'ultimo quinquennio, presso imprese esercenti l'attività specifica di commercio di prodotti alimentari o somministrazione di alimenti e bevande, in qualità di dipendente, parente o affine entro il terzo grado dell'imprenditore, oppure in qualità di coadiutore familiare, comprovata dall'iscrizione all'Inps.
Per avere tutte le informazioni necessarie, bisogna rivolgersi agli uffici comunali competenti.

**Le cose da fare...**

- Cercare di essere i primi, inventando qualche cosa che ancora non c'è, partendo magari da ciò che già esiste, ma introducendo l'innovazione che fa la differenza (in questo senso, tanti casi riportati in questo libro sono 'da manuale': il fast food della polenta, il Segway 'seduto', i documentari audio per non vedenti, il gelato 'come una volta', il trekking con gli asinelli, le favole su commissione).
- Non avere paura, credere nelle proprie idee e realizzarle, senza lasciarsi scoraggiare dalle iniziali difficoltà.
- Essere capaci di ammettere che cambiare idea non è un dramma, se ci si rende conto che è meglio.
- Pensare in grande, perché anche una piccola impresa può avere grandi idee e ottenere grandi successi.
- Trasformare un problema in opportunità, perché certe volte la strada che porta al successo parte proprio da una situazione difficile.

- Studiare bene le opportunità e il contesto economico del territorio.
- Trovare il modo di 'fare sistema', perché le sinergie tra diverse attività possono dare slancio alle idee di ciascuno.
- Cercare qualcuno che creda nei progetti che si vogliono realizzare (potrebbe anche finanziarli).
- Fare molta attenzione nella scelta di eventuali soci, cercare persone affidabili (se poi hanno anche un po' di esperienza, tanto meglio).
- Cogliere tutte le occasioni per fasi conoscere, fare promozione.

**...e gli errori da evitare**

- Sottovalutare l'impegno richiesto da un'attività in proprio e i problemi dovuti all'inesperienza.
- Buttarsi a capofitto su 'affari' che sembrano un po' troppo convenienti. Se qualcuno cede un'attività a un prezzo troppo basso, bisogna capire bene il perché.
- Non mettere in conto che i primi tempi si lavora tanto e si guadagna poco, che per un certo periodo bisogna far conto sui propri risparmi o sull'aiuto di qualcun altro.
- Non dedicare sufficiente attenzione agli acquisti, che vanno invece organizzati e programmati con molto rigore

Col senno di poi...

«Quando hai una tua attività - dice Bianca, che, insieme a un'amica, aveva aperto una 'merceria creativa', ma è stata poi costretta a chiudere, perché le cose non funzionavano - non ci sono domeniche, né feste, né permessi per malattia. La tua vita si trasforma completamente e non sempre le persone che hai intorno sono in grado di accettarlo, non sempre vogliono cambiare con te. Con il marito rischi il divorzio, se hai una famiglia rischi di mandarla in crisi. Buttandosi in un'attività commerciale senza conoscerla e senza esperienza, ci si trova poi di fronte a situazioni del tutto impreviste. Col senno di poi, per esempio, ho capito che avremmo dovuto puntare su un assortimento meno ampio (ogni volta che una cliente ci chiedeva qualche cosa, se non lo avevamo, correvamo a procurarcelo), ma di elevato livello qualitativo, perché la qualità si vende sempre, anche in tempo di crisi».

## Quali aiuti possono dare gli enti pubblici? L'esempio della Provincia di Torino

Attraverso Mip (www.mettersinproprio.it), Sportello provinciale per la creazione d'impresa, la Provincia di Torino offre ai potenziali imprenditori (l'unico requisito richiesto è che siano residenti o domiciliati in Piemonte) un supporto gratuito di informazione, accompagnamento e tutoraggio per far decollare la loro impresa. Il sito e il numero verde, oltre a fornire informazioni generali e orientamento sul lavoro in proprio, consentono di fissare un appuntamento.

Nella sezione 'idee d'impresa' sono disponibili schede informative, scaricabili in pdf, che riguardano svariati settori di attività (dagli abiti usati ai micronidi e baby parking, dall'autolavaggio al fioraio, dalla gelateria al pet-shop al parco giochi con strutture gonfiabili) e tematiche trasversali (privacy, sicurezza, ecc.), mentre nella sezione 'vetrina delle imprese' vengono presentate le imprese già avviate.

Fino a tre anni dal momento di avvio, le imprese nate seguendo questo percorso possono avvalersi dell'assistenza di un tutor, che interviene nella valutazione dell'andamento del business e nell'individuazione di opportunità di finanziamento/agevolazioni. All'inizio, il tutor aiuta a verificare il piano di fattibilità del progetto imprenditoriale, quindi a elaborare il business plan, che sarà sottoposto a validazione a cura dall'Amministrazione provinciale. Successivamente, Mip supporta il neoimprenditore sia nella presentazione della richiesta di agevolazione, sia con moduli formativi di breve durata, che completano il percorso di accompagnamento e consentono di acquisire competenze utili alla gestione dell'impresa, sia con interventi di aggiornamento.

Il supporto fornito da Mip è assolutamente gratuito, grazie a finanziamenti dell'Unione europea (Fondo sociale europeo), dello Stato italiano (mini-

stero del Lavoro, della Salute e delle Politiche sociali) e della Regione Piemonte. Vi possono accedere soggetti, uomini e donne, inoccupati e occupati, residenti o domiciliati nella regione Piemonte, che intendono realizzare una nuova iniziativa imprenditoriale con sede operativa nella provincia di Torino (la sede legale può essere anche al di fuori del territorio provinciale, purché nell'ambito della regione Piemonte) e sono interessati a valutarne preventivamente la fattibilità.
Attraverso Finpiemonte Spa, la Regione Piemonte prevede anche un'azione di sostegno finanziario per la nascita di nuove imprese, il cui progetto sia stato validato dalle Province tramite i servizi di consulenza finalizzati a individuare gli elementi essenziali dell'idea/progetto d'impresa e all'elaborazione del business plan.
Sempre nel sito www.mettersinproprio.it si trovano anche interessanti dispense di formazione e schede per l'elaborazione del business plan, che possono essere utilissime anche a chi non è in condizione di poter accedere ai servizi offerti da Mip, ma intende comunque presentare, magari in altre regioni, un nuovo progetto imprenditoriale per accedere a finanziamenti e agevolazioni.

**Nota. I contenuti di questo paragrafo fanno riferimento a quanto riportato dalla Provincia di Torino nel sito web www.mettersinproprio.it. Poiché la tematica è in costante evoluzione, per quanto riguarda il progetto Mip (Mettersi in proprio) si può fare riferimento a: Provincia di Torino-Servizio Programmazione e attività produttive, corso Inghilterra, 7 - 10138 Torino (www.provincia.torino.it).**

## Come presentare un nuovo progetto imprenditoriale

Se la chiave del successo è la forza dell'idea imprenditoriale, non meno importante è la stesura di un dettagliato business plan, molto utile per convincere se stessi della bontà del progetto e assolutamente indispensabile per cercare potenziali finanziatori, cioè per convincere qualcun altro a scommetterci e a sostenerlo. Quando si inizia, spesso non si hanno idee molto chiare: il metodo e il rigore aiutano a riordinarle e a gestire eventuali difficoltà. Un'analisi metodica dell'attività che si vuole intraprendere - che cosa offrire, a chi e come vendere, come organizzare le cose al meglio - consente di prevedere ciò che è probabile e prevenire l'imprevedibile.

È opportuno partire con una ***sintesi del progetto imprenditoriale***, cioè una presentazione di 2 o 3 pagine, da cui emergano gli elementi salienti dell'iniziativa: quale attività si intende svolgere e quali sono le motivazioni alla base della scelta; chi sono i realizzatori del progetto, quali competenze hanno e in quale forma giuridica intendono organizzarsi; a quali tipologie di clienti si rivolge la nuova impresa e qual è la dimensione del mercato di riferimento. Quindi fatturato, utili previsti, punto di pareggio e suo raggiungimento, eventuali indicatori di redditività.

Tutti questi argomenti saranno poi approfonditi nella ***parte descrittiva***, in cui vengono illustrate le competenze e le esperienze dei singoli soci, evidenziando gli elementi che possono diventare critici per il buon esito del progetto. Per ogni persona coinvolta vanno riportati i dati identificativi (nome e cognome, data di nascita, residenza e codice fiscale), i percorsi formativi (titolo di studio, corsi di specializzazione, ecc.), le esperienze lavorative, le competenze, la professionalità e i tratti caratteriali significativi (natura intraprendente, spirito imprenditoriale, capacità organizzative, di relazione, di vendita), i motivi che hanno portato alla scelta di avviare un'impresa in quel particolare settore di intervento, facendo emergere conoscenze ed esperienze maturate in quel campo (come dipendente, come lavoratore autonomo, per esperienza extra lavorativa, ecc.). Vengono indicate le motivazioni alla base della scelta imprenditoriale, le aspettative che hanno orientato il team verso questa decisione (desiderio di lavoro indipendente, ricerca stabile di occupazione, ecc.) e le motivazioni per cui si è optato per un certo settore (esperienza, passione, hobby, studio, contatti, opportunità, ecc.). Poiché questa scheda espone le caratteristiche dei singoli soci, è necessario produrre tante schede quanti sono i componenti della società.

La ***descrizione dei prodotti e servizi offerti*** prevede una presentazione dettagliata del 'sistema prodotto' (prodotto e servizi annessi), delle differenze rispetto ai prodotti/servizi esistenti, delle caratteristiche tecniche e delle modalità di funzionamento; i bisogni che il prodotto/servizio può soddisfare, i vantaggi offerti al consumatore, le differenze rispetto alla concorrenza (per esempio, assistenza tecnica post vendita, periodo di prova, consegna gratuita, ecc.). Se la nuova impresa offre diversi prodotti e/o servizi è opportuno segnalarli tutti, specificando quali sono i principali e indicando anche i prodotti/servizi che completano l'offerta commerciale (per esempio: garanzie, coperture assicurative, formazione di base sull'utilizzo di particolari supporti, assistenza pre e post vendita, ecc.).

Nella sezione ***analisi di mercato e scelte di marketing (o scelte strategiche)*** verranno indicati il fatturato del settore di riferimento, le condizioni generali e il trend (settore maturo o in crescita, numero delle imprese operanti e loro dimensione, prezzi applicati, ecc.), la ricostruzione dei tratti fondamentali della filiera produttiva (se significativa per il tipo di impresa che si sta progettando), il grado di innovazione del comparto (tradizionale, soggetto a moda, in continua e rapida evoluzione, ecc.), i fattori di rischio, le eventuali barriere all'entrata, il potere contrattuale dei fornitori e dei clienti. La raccolta di questi dati (attraverso documentazione statistica, giornali specializzati, contatti, interviste, eventuali ricerche di mercato, ecc.) deve fornire una fotografia dell'ambito in cui andrà a operare la nuova impresa. Se possibile, andranno identificati la tipologia e il numero dei concorrenti (diretti e/o indiretti), la loro quota di mercato, i loro punti di forza e di debolezza, i prodotti/servizi offerti (anche quelli sostitutivi/alternativi a quelli della nuova impresa). Si descrive anche la tipologia dei clienti: consumatori finali e/o intermediari, specificando nel primo caso il profilo (età, reddito, formazione, area geografica di appartenenza, abitudini di consumo, ecc.), numero e motivazioni all'acquisto (bisogno, status, ecc.), nel secondo se si tratta di imprese private o enti pubblici, quanti sono, quali dimensioni hanno, in quale area geografica operano, la loro frequenza di acquisto, la

### VOGLIA D'IMPRESA

In Piemonte si svolge Voglia d'impresa, una manifestazione promossa con cadenza biennale dalla Provincia di Torino e rivolta a tutti gli imprenditori piccoli e medi, alla nuova imprenditoria, ai lavoratori autonomi, alla generazione dei lavoratori a partita Iva (una realtà a cavallo tra microimprenditoria e lavoro autonomo) e a chi opera a vari livelli nei servizi di supporto all'autoimprenditoria, fornendo occasioni di relazione e confronto con esperti di realtà nazionali e internazionali. È un momento di dibattito e approfondimento a cui partecipano imprese di rilievo, addetti ai lavori italiani ed europei, esperti e studiosi di università italiane e straniere, rappresentanti di istituzioni quali la Commissione europea, il Parlamento europeo, l'Oecd, il Governo italiano, le Regioni e gli enti locali.

consistenza media degli ordini, le aspettative nei confronti del prodotto/servizio (qualità, affidabilità, prezzo, assistenza e servizi collaterali, consegna, ecc.). Si specifica come si intendono contattare i clienti (telemarketing, visite dirette presso l'azienda, mailing mirato, organizzazione di meeting, partecipazione a eventi di settore, ecc.) e se si sono già stabiliti relazioni/accordi con possibili clienti. Si quantificano inoltre gli obiettivi di vendita da raggiungere, si determinano le politiche di prezzo e la fascia di posizionamento del prodotto/servizio, con le relative motivazioni (allineamento con i prezzi dei concorrenti, opzione per una fascia di prezzo alta, politica aggressiva con prezzi molto bassi), evidenziando anche eventuali formule di abbonamenti, carte sconto, sconti su quantitativi, saldi, ecc. Si illustrano quindi le azioni più idonee per farsi conoscere sul mercato di sbocco - creazione di un marchio/logo, cataloghi (cartacei/online, ecc.), book di presentazione dei lavori svolti, pubblicità tradizionale (depliant, affissioni, radio, ecc.), sito internet, banner, stampa specialistica, partecipazioni a convegni/fiere di settore, direct mailing, sponsor di eventi, ecc. - e si indica l'investimento pubblicitario previsto (che dovrà essere coerente con quanto indicato nella parte economica).

Per finire, si descrivono in dettaglio le modalità di vendita dei prodotti/servizi - forza vendita interna, rete di agenti, concessionari e distributori autorizzati, ecc. - e dove si intende vendere: direttamente presso la sede dell'azienda, online (e-commerce), per corrispondenza o a domicilio, tramite la distribuzione al dettaglio tradizionale e/o moderna/organizzata, attraverso negozi monomarca/franchising.
Nella sintesi finale, si evidenziano i punti di forza e di debolezza dell'iniziativa imprenditoriale, le opportunità e i rischi di mercato e del settore specifico in cui si intende operare, le modalità con cui si intende supplire alle debolezze e affrontare i rischi.

La ***presentazione dell'impresa***, cioè della sua struttura complessiva, deve indicare innanzitutto la forma giuridica prescelta, motivando eventuali vantaggi rispetto ad altre (responsabilità/rischi, capitali da investire, numero dei soci, impegno di ciascuno e livello di conoscenza reciproca, costi di costituzione e di gestione, imposizione fiscale, ecc.), la localizzazione e le relative motivazioni, le attività da svolgere (all'interno o affidate all'esterno) per poter realizzare il business previsto, evidenziando quelle rilevanti per l'incidenza sui costi, per il contenuto innovativo e per lo sviluppo dell'azienda nel tempo (gestione forniture, produzione, distribuzione, servizi post vendita, attività commerciale, ricerca e sviluppo, gestione risorse umane, contabilità e amministrazione, ecc.).
Si passa poi alla descrizione del ciclo produttivo, con le possibili criticità; delle risorse e dei tempi previsti per lo sviluppo di nuovi prodotti (se questo è rilevante per il tipo di attività); dei principali fornitori di materie prime, semilavorati, prodotti finiti e servizi (consulenze tecniche, assistenza software, ecc.), soffermandosi su quelli strategici; degli eventuali vincoli di tipo burocratico da assolvere per poter avviare l'attività (autorizzazioni, ispezioni, abilitazioni, licenze, altro). Si definiscono quali tecnologie, brevetti, attrezzature, arredi, macchinari, impianti e immobili sono necessari allo svolgimento dell'attività (specificando se alcuni sono già disponibili o se devono essere tutti acquistati, in quale arco di tempo, ecc.).

Vanno quindi segnalate le competenze necessarie per il funzionamento dell'impresa e delle persone (soci, dipendenti, collaboratori, consulenti esterni) che ne fanno parte a vario titolo, quali ruoli debbono essere ricoperti e come si collocano i soci rispetto a questi (indicare anche la remunerazione annua prevista per i soci), quali risorse saranno reperite all'esterno dell'impresa (con quale tipo di contratto e a quale costo mensile/annuo), quali consulenze esterne saranno necessarie (commercialista, legale, consulente del lavoro, altre consulenze tecniche, ecc.).

L'***analisi economico-finanziaria*** deve essere effettuata sul primo triennio di attività, indicando innanzitutto come è stato determinato il volume d'affari che si intende realizzare, suddividendolo su base annua e valutando con attenzione i tempi necessari per effettuare le prime vendite, quindi per andare a regime. Si valuta che cosa può provocare variazioni del fatturato nel corso dell'anno (stagionalità) e da un anno all'altro, quali sono i tempi di dilazione concessi ai clienti.
Si fa una previsione dei costi fissi (slegati dal volume di produzione/vendita) e variabili (strettamente legati al volume di produzione/vendita), del margine di contribuzione e del fatturato di pareggio. Si indica il piano degli investimenti, specificandone il valore (al netto di Iva), il momento in cui saranno effettuati, l'ammortamento (calcolato considerando l'effettiva durata dei beni in base alla loro obsolescenza), il fabbisogno finanziario dell'impresa, indicando le modalità con cui verrà coperto (capitale proprio dell'imprenditore o dei soci, ricorso a finanziamento infruttifero dei soci o a prestiti sociali, ricorso a finanziamenti a medio-lungo termine, specificando banca d'appoggio, durata del prestito e tasso di interesse applicato, oppure a finanziamenti a breve termine, precisandone la tipologia). Dall'analisi dell'equilibrio finanziario devono risultare sia la copertura delle immobilizzazioni con capitale proprio e/o debiti a medio-lungo termine, sia un fatturato superiore ai costi (compresa la remunerazione dell'imprenditore e del capitale investito).
Il pareggio economico non viene necessariamente raggiunto entro il primo

anno di attività, ma è comunque necessario analizzare a che punto della vita dell'impresa si verificherà.
Alla documentazione utile a completare il progetto si dovranno allegare i curricula dei soci, una documentazione fotografica, eventuali brevetti, articoli, ricerche di mercato.

## Mettersi in proprio con il franchising

Sostanzialmente, chi vuole mettersi in proprio, ha tre diverse possibilità:

- la creazione autonoma di una nuova impresa;
- l'acquisizione di un'attività preesistente (è questa, per esempio, la formula più frequente nel settore dei pubblici esercizi);
- l'affiliazione in franchising, che consente di avviare un'attività in collaborazione con un marchio già noto, avvalendosi quindi del suo peso e della sua notorietà, nei più svariati settori, dall'abbigliamento all'informatica, dalla ristorazione alle agenzie di viaggio, dalla cosmetica all'immobiliare, dalle gelaterie all'intimo, dalle librerie agli asili, dalle agenzie matrimoniali alle ludoteche.

Il mondo dell'affiliazione commerciale può dare un valido aiuto a chi desidera avviare una nuova attività imprenditoriale (oppure differenziarne o incrementarne una già esistente): essendo già testato sul mercato, e consentendo quindi di ragionare su numeri reali, che evidenziano meglio la validità di un progetto, permette infatti di limitare i rischi, perché il franchisor, cioè la società che propone le aperture di negozi in affiliazione, ha un marchio già conosciuto e mette a disposizione del nuovo affiliato il proprio know-how, la pubblicità e la gestione del marketing. Non per niente, la percentuale di insuccessi delle imprese affiliate è decisamente inferiore a quella fatta registrare dalle attività autonome. Nonostante la situazione di crisi generalizzata, questo è uno dei pochi settori che 'tiene', generando ogni anno circa 5000 nuovi posti di lavoro.
Ma quale comparto merceologico e quale marchio scegliere? Come valutare un'azienda che offre questa opportunità? Quali sono i diritti e i doveri dell'affiliato? Quali invece gli obblighi del franchisor?

Per saperne di più, si può iniziare a visitare il sito www.assofranchising.it dell'Associazione italiana del franchising, a cui fanno capo oltre 200 tra le maggiori insegne del settore, che organizza anche Web Franchising Expo (www.webfranchisingexpo.it), la prima fiera online del franchising. Oppure www.annuariodelfranchising.it, repertorio ufficiale delle insegne operative in Italia.

Ogni anno, in autunno, a Fieramilanocity si tiene poi la più grande manifestazione del settore in Italia (www.salonefranchisingmilano.com), che raggruppa espositori italiani ed esteri, operanti nei più svariati comparti del mercato. Oltre a incontrare gli espositori, i visitatori hanno la possibilità di partecipare a convegni e seminari di formazione che possono aiutarli a conoscere le formule legislative vigenti in Europa, la situazione dei mercati e le tendenze del momento.

Franchising Nord (www.fieradelfranchising.it) è la fiera del Franchising in Italia ideata e organizzata in joint-venture da un portale del settore e un organizzatore di fiere. Si tiene a Piacenza, in primavera.

BeTheBoss.it (www.betheboss.it) fa parte di un network internazionale nel settore franchising e consente di entrare in contatto con moltissime proposte di franchising.

Quelli che seguono sono alcuni esempi, a titolo puramente indicativo, che possono essere utili per capire meglio come funziona concretamente questo meccanismo.

### Il franchising che crede nelle mamme

Mamme fanno Impresa (www.mammefannoimpresa.it) è un programma 'a misura di mamma' rivolto alle donne che vogliono aprire un punto di vendita Brums o Bimbus, con condizioni di affiliazione più vantaggiose e attività di supporto ad hoc. Per dimostrare che è possibile essere mamme felici e imprenditrici realizzate. Il progetto nasce dalla consapevolezza che le mamme hanno un altissimo potenziale da spendere anche in ambito imprenditoriale, che sono determinate, flessibili, che hanno grandi capacità

I NUMERI DEL FRANCHISING

Il termine franchising indica un contratto stipulato tra un'azienda 'franchisor', che concede a un imprenditore indipendente, detto franchisee, il diritto di esercitare un'attività di produzione di beni, vendita di prodotti, erogazione di servizi, utilizzando il marchio, l'insegna e il know how (cioè le competenze e l'esperienza) del frachisor stesso. In Italia questa formula - già ampiamente collaudata all'estero (era stata 'inventata' più o meno contemporaneamente in Francia e negli Stati Uniti intorno al 1930) - è arrivata nei primi anni '70 del secolo scorso. Attualmente conta nel nostro Paese circa 54.000 punti di vendita, che danno lavoro a 188.000 persone (in prevalenza donne).

di problem solving e una particolare predisposizione alle relazioni umane, soprattutto nei confronti delle altre mamme. Del resto, mandare avanti una famiglia, magari con diversi figli, è una vera e proria scuola di business management. In più, le mamme sono fortemente motivate a svolgere un'attività in proprio, per poter gestire il tempo con maggiore autonomia, conciliando gli impegni di lavoro con la cura dei figli.
Consapevole del fatto che il successo dei suoi marchi è strettamente legato a quello delle mamme titolari dei negozi in franchising, il gruppo Preca Brummel di Carnago (Varese), produttore e distributore di abbigliamento per bambini da 0 a 16 anni, con i marchi Brums, Bimbus, Mek e Suomy, vuole condividere con loro il rischio imprenditoriale, proponendo un pacchetto completo di attività di supporto in fase di start up e per tutta la durata del contratto.

**Le condizioni del franchising Bottega Verde**

Il negozio - prodotti cosmetici a base di principi attivi naturali - deve essere ubicato in una strada commerciale centralissima di città con almeno 35-40.000 abitanti o in un importante centro commerciale e avere una superficie minima di 35 mq, più un bagno e un piccolo magazzino. La durata

del contratto è di 5 anni, l'investimento iniziale previsto (esclusa la merce) è di 750 euro + Iva per mq di superficie di vendita e comprende la progettazione, la fornitura, il trasporto e il montaggio degli arredi, il pavimento, gli espositori e l'insegna. Sono da conteggiare a parte i costi relativi alle opere murarie, di ristrutturazione, impiantistiche, cartongessi, illuminazione e rifacimento della vetrina.
Il valore della merce per l'allestimento dell'impianto iniziale è di circa 35.000 euro, con pagamento a 90/120/150 giorni. Per le forniture successive è previsto il pagamento a 60/90 giorni. Il margine lordo è del 45% sul venduto al netto dell'Iva. L'affiliato può contare sul supporto di corsi e programmi formativi iniziali e per tutta la durata del contratto, nonché su un'assistenza al punto vendita continuativa con personale aziendale sul territorio. La pubblicità istituzionale (Tv, radio, riviste, giornali, ecc.) è a carico del franchisor, mentre quella locale (volantini e iniziative di marketing diretto) spetta al franchisee.
L'assistenza alla realizzazione del negozio comprende un pacchetto informatico personalizzato, la valutazione della location, l'elaborazione del conto economico, la progettazione degli spazi, la possibilità di ottenere da un importante istituto di credito un finanziamento agevolato fino al 70% dell'investimento.

### Baby Boom, la catena dell'usato firmato per bambini

Questa può essere la soluzione ideale per una mamma che ha voglia di rimettersi in gioco o per un giovane che vuole avviare un'attività indipendente a basso rischio (non c'è magazzino, tutti gli articoli vengono esposti in conto vendita), con un investimento contenuto e il supporto di un gruppo ben consolidato, che può vantare una decennale esperienza sul campo (www.gruppobabyboom.it).
Nei negozi della rete Baby Boom 'Le Baby Boutiques dell'usato' si vende e si acquista tutto quello che serve ai bambini e alle future mamme: abbigliamento premaman e per bambini da 0 a 12 anni, passeggini, carrozzine, accessori e giocattoli a prezzi davvero interessanti, perché si tratta di usato

selezionato (delle migliori marche e in perfette condizioni, frutto di un'accurata selezione). Un usato perfetto, spesso nuovo, magari un regalo che non serviva, o una taglia sbagliata.

In alcuni Paesi europei e negli Stati Uniti, comprare e vendere l'usato è un'abitudine ormai consolidata, ma anche da noi si va affermando la tendenza a un consumo più consapevole, mirato a limitare gli sprechi. Soprattutto nella fascia 0-12 anni le esigenze di rinnovo del guardaroba sono continue e l'utilizzo degli oggetti è spesso limitato nel tempo. Il negozio Baby Boom diventa così un punto di incontro tra chi non sa dove mettere le cose che i bambini non usano più e chi si diverte ad acquistare in modo diverso, curiosando tra i nuovi arrivi. A fine stagione poi gli articoli rimasti invenduti e non ritirati dal proprietario vengono regalati ad associazioni benefiche locali.

Dopo un primo colloquio di conoscenza reciproca (di persona o eventualmente telefonico) e dopo aver avuto tutta la documentazione che illustra nel dettaglio l'attività, il nuovo affiliato può contare sull'aiuto di un 'coach', che lo seguirà fino al completo avvio. Seguono un secondo colloquio di approfondimento, la scelta e attribuzione della zona in esclusiva, la ricerca da parte dell'affiliato dei locali idonei per il punto vendita, la firma del contratto di 'cessione di know how e affiliazione' al gruppo, versando la metà del canone di ingresso (l'altra metà si versa dopo 30 giorni).

A questo punto è prevista la frequenza dello stage formativo presso il centro pilota e la consegna del Manuale operativo, con i relativi allegati. Lo stage fornisce la formazione e il materiale necessari per muovere i passi successivi. Il gruppo Baby Boom 'Le Baby Boutiques dell'usato' si impegna a fornire all'affiliato il marchio registrato, l'esclusiva di zona, il software gestionale, la promozione pubblicitaria a livello nazionale, la consulenza legale, l'assistenza completa all'avviamento, la consulenza in itinere, un sito internet e una vetrina virtuale.

Il canone di ingresso è di poche migliaia di euro, mentre quello annuale, nullo il primo anno, prevede esborsi minimi per gli anni successivi. Sono invece a cura dell'affiliato la predisposizione della struttura e dell'impianto organizzativo del punto vendita, la stesura di un business plan personalizzato insieme al coach, l'espletamento delle pratiche burocratiche per l'acquisizione della licenza, l'acquisto di attrezzature e arredi, l'eventuale selezione e formazione del personale, la promozione dell'attività sul proprio territorio e sulle pagine a disposizione del negozio sul sito internet. Baby Boom fornisce comunque la consulenza e l'assistenza per ottimizzare tempi e risorse in tutte queste fasi.

Il successo di Gaia e della sua Baby Boutique milanese

Dopo svariate esperienze lavorative in ambiti completamente diversi, dal teatro alla pubblicità, tre anni fa Gaia Marchese ha rilevato il negozio di via Savona a Milano da un ragazzo che lo cedeva. Investendo complessivamente circa 20.000 euro è riuscita in poco tempo a rilanciarlo con successo e ora ha addirittura il record italiano di vendite della catena Baby Boom. L'investimento maggiore è quello in termini di tempo, visto che trascorre 12-13 ore al giorno nella sua Baby Boutique: oltre a vendere, deve ritirare e sistemare ogni giorno nuovi capi in conto vendita. Si dichiara comunque molto soddisfatta di questa attività a stretto contatto con mamme e bambini, che funziona bene e le dà modo di instaurare ottimi rapporti con le sue clienti, nonché di fare tanta beneficenza, regalando ad associazioni e comunità i capi invenduti, non ritirati dai proprietari.

«In questo lavoro - spiega - bisogna saper parlare con le mamme e le nonne, aiutarle a scegliere, consigliarle per il meglio. Allora ritornano spesso e il negozio diventa un punto di incontro. La mia clientela, di fascia medio-alta, mi consente di mantenere anche un elevato livello qualitativo (tutti capi firmati e comunque molto belli) e, in questo momento di crisi, di andare assolutamente controcorrente. Anzi, direi che la crisi ha fatto il mio gioco: le mamme sono più attente e sanno che qui possono trovare tante cose carine (magari anche nuove, provenienti da piccoli negozi che chiudono), con un notevole risparmio (rispetto al nuovo, l'abbigliamento costa un terzo o anche meno, gli accessori e le attrezzature la metà)».

# Come trovare le risorse? Tentando tutte le strade!

*Si sa bene quanto moltissime persone, soprattutto giovani, anche in possesso di titoli di studio elevati, fatichino a trovare un impiego o a costruirsi una professione. Per questo oggi si impone un diverso approccio al lavoro, che deve nascere già all'interno della famiglia e nella scuola.*
*In una società e in un mercato che non regalano niente a nessuno, bisogna trovare l'impulso a crescere e realizzarsi, con inventiva e determinazione, ma anche con molta pazienza. Bisogna avere il coraggio di provare nuove strade professionali, magari lontane dallo sbocco che ci si aspettava di trovare alla fine del proprio percorso di studi. Bisogna pensare che un'attività imprenditoriale può dare molte più soddisfazioni del mitico posto fisso, che mettersi in gioco significa anche costruire insieme agli altri un benessere e un tessuto economico prezioso per tutto il territorio.*

Spesso però lo spirito imprenditoriale e le buone idee di chi aspira a mettersi in proprio si scontrano con la difficoltà di reperire le risorse economiche necessarie. Benché l'esperienza insegni che è sempre meglio partire con fondi propri, magari solo parziali, è pur vero che esiste anche la possibilità di accedere alle agevolazioni (contributi a fondo perduto e mutui agevolati) a sostegno dell'avviamento di attività indipendenti, dell'imprenditoria giovanile e femminile, dell'artigianato, di microimprese e ditte individuali in specifiche zone geografiche e territoriali, nonché di iniziative di auto-impiego basate sulla formula del franchising.

Ottenerle non è facile, ma neppure impossibile, se ci si guarda intorno a 360 gradi, perché non esistono solo la Comunità europea, le Regioni e le banche: le opportunità si possono trovare anche nei meandri della rete, nei siti delle grandi aziende, nelle riviste, nei progetti particolari, nei concorsi, nelle reti di finanziamento collettivo.
Certo, bisogna sapere che la burocrazia è opprimente e i ritardi quasi scontati. Per evitare di 'inciampare' nelle diverse fasi di compilazione dei documenti necessari, è consigliabile rivolgersi ai consulenti delle Camere di commercio, oppure ai cosiddetti 'incubatori' di impresa, strutture che sostengono l'aspirante neoimprenditore dallo sviluppo dell'idea alle previsioni del piano economico e finanziario, fino alla realizzazione del progetto.

Per avere informazioni sulle forme di finanziamento rivolte alle persone, giovani e meno giovani, che decidono di mettersi in gioco con intraprendenza, si possono consultare questi siti:

- europa.eu: cliccando su 'Fare impresa-Finanziamenti e sostegno' è possibile tenersi aggiornati sui bandi della Ue per le nuove imprese.
- www.invitalia.it/site/ita/home.html: il sito dell'Agenzia nazionale invitalia per l'attrazione degli investimenti e lo sviluppo d'impresa.
- www.info-finanziamenti.it: offre una panoramica sui più importanti siti rivolti al mondo dell'imprenditoria.
- www.cna.it: il sito della Confederazione nazionale dell'artigianato e della piccola e media impresa, fornisce informazioni sulla concessione di finanziamenti nel settore dell'artigianato.
- www.unioneconsulenti.it: fornisce un supporto mirato alla ricerca di contributi a fondo perduto o di finanziamenti agevolati.
- www.workingcapital.telecomitalia.it: Working Capital è il programma di Telecom Italia che aiuta l'innovazione, le idee e il talento a trasformarsi in impresa, supportando in modo diretto la nascita e lo sviluppo delle startup.
- www.iban.it: il sito di Italian Business Angel Network, un'associazione di ex imprenditori e manager in attività o in pensione, che dispongono di

mezzi finanziari, di una buon rete di conoscenze, di una solida capacità gestionale e di un buon bagaglio di esperienze, disposti a investire per contribuire alla riuscita economica di un'azienda e alla creazione di nuova occupazione.

I documentari senza immagini di Docusound
Fabrizia Galvagno (produttore), Matteo Bellizzi (regista) e Andrea Vaccari (direttore della fotografia), soci fondatori di Doc in progress (www.docinprogress.com), vengono dal cinema documentario. Qualche anno fa cercavano un modo nuovo di fare questo lavoro, sia perché i costi del video sono elevati e i finanziamenti scarsi, sia perché volevano raggiungere un pubblico più vasto. Hanno individuato la soluzione nell'audio, meno caro del video, e in internet, che dà modo di arrivare a un pubblico vasto e variegato, anche a nicchie che, prima del suo avvento, sembravano irraggiungibili.
Ci sono, per esempio, tante persone anziane che hanno problemi di vista: sono cresciute con la radio, quindi hanno già dimestichezza con l'ascolto, devono solo riscoprirlo. Così è nato il progetto Docusound (www.docusound.org), piattaforma online di produzione e distribuzione di documentari audio, realizzato insieme all'Unione ciechi e ipovedenti del Piemonte e al Consiglio regionale del Piemonte.
«All'estero - spiega Fabrizia - la cultura del reportage audio è molto diffusa: l'audiodocumentario non lo abbiamo certo inventato noi. Il nostro intento è semmai quello di contribuire a diffonderne la fruizione e di utilizzarlo per sensibilizzare l'opinione pubblica: affidandoci prevalentemente alla vista abbiamo perso l'empatia e il rispetto per la sofferenza. Un progetto a cui siamo molto legati è, per esempio, l'audio-racconto *Mai arrendersi mai*, realizzato con bambini disabili e con le loro famiglie: i ragazzi si raccontano senza il filtro della loro immagine. Senza le immagini, a mio avviso, si eliminano i pregiudizi, si evita di farsi un'idea sbagliata di chi si ha di fronte. Ci siamo dunque messi in contatto con l'Unione ciechi e ipovedenti del Piemonte, perché ci aiutassero a capire

come si fa a raccontare la realtà, senza usare le immagini (uno di noi è direttore della fotografia, quindi le immagini per noi sono sempre state importanti!!). Abbiamo fatto un po' di training e loro si sono appassionati al nostro progetto, che metteva vedenti e non vedenti sullo stesso piano (anzi, i non vedenti sono forse leggermente avvantaggiati dall'uso esclusivo dell'audio). Così sono diventati accaniti sostenitori della nostra idea e abbiamo iniziato a produrre alcune cose insieme, partendo da *Il Futuro visto da qui*, che ha vinto il Bellaria Film Festival 2011. Lo abbiamo registrato nell'Istituto penale minorile Ferrante Aporti, lavorando insieme al maestro del carcere Mario Tagliani e allo scrittore Fabio Geda, per raccontare la realtà di questi ragazzi, cercando una strada che li portasse a trovare nel racconto di sé e nel dialogo con gli altri un'idea diversa di libertà.

«Vogliamo proporre prodotti di buon livello tecnico e narrativo, quindi mettiamo molta cura nella scelta delle scene da 'girare'. Riteniamo fondamentale lavorare in gruppo, con vere e proprie troupe, anche se ridottissime. Pur presentando il vantaggio di una dotazione tecnica ridotta all'essenziale, l'audio-documentario è un prodotto complesso, perché l'assenza delle immagini impone un attento lavoro sul racconto: da qui derivano le lunghe sessioni in sala di montaggio. Il nostro modello è quello dello streaming e del podcast gratuiti scaricabili o ascoltabili dal sito (realizzato con modalità di accesso per non vedenti). Poi cerchiamo una strada adatta e specifica per la distribuzione di ogni singolo prodotto. Il nostro primo documentario, *Per voce sola*, realizzato dal regista Matteo Bellizzi in collaborazione con lo scrittore Fabio Geda, è passato su Radio3 nella trasmissione *Il Cantiere* e, successivamente, è stato distribuito nella librerie con il racconto dello stesso Geda, intitolato *La bellezza nonostante*, edito per i tipi di Transeuropa. Sul sito, inoltre, si trova una sezione dedicata a quanti volessero proporci una storia. Siamo anche su iTunes.

«Il pubblico è ancora esiguo, ma in costante ascesa: speriamo che gli audio-documentari diventino un mezzo di comunicazione comune e familiare per i non vedenti. L'altro aspetto interessante è che lavorare con questa tecnica permette di eliminare le barriere tra vedenti e non vedenti».

I primi progetti sono stati realizzati con il contributo di alcune fondazioni bancarie (Fondazione Crt, Fondazione Cariplo, Compagnia di San Paolo).

Nel 2012 Docusound è stato nominato 'Best online project' per il Prix Europa, che premia le migliori produzioni europee televisive, radiofoniche e online, sostenendone la distribuzione e l'utilizzo, con l'obiettivo di farle conoscere in tutta Europa. Recentemente, grazie a un significativo finanziamento dell'Unione europea, Apc Cultures+ e Apc Sector, Docusound ha realizzato anche un importante progetto in Kenya e in Senegal, che prevede laboratori permanenti di formazione professionale per operatori della radio e dei nuovi media, con il sostegno della ong Col'or. L'obiettivo principale è rafforzare la democrazia e il coinvolgimento delle minoranze e dei gruppi più svantaggiati nel dibattito pubblico, attraverso l'accesso ai mezzi di comunicazione, alla produzione e distribuzione dell'informazione: se le minoranze (basate sul sesso, le abilità mentali o fisiche, le risorse economiche...) vengono attivamente coinvolte nelle dinamiche sociali, non sono più un peso per la società, ma diventano invece una risorsa. Questo è un progetto a lungo termine di inclusione sociale e abbattimento delle barriere, in cui le minoranze e le fasce più ampie della popolazione lavorano insieme.

In entrambi i Paesi Docusound dispone di un partner locale, a cui è affidato il compito di assicurare che il progetto venga realizzato in conformità ai bisogni, alle risorse e alle caratteristiche delle comunità locali.

## Un aiuto concreto da Invitalia

La legge che agevola l'autoimpiego (D.L. n. 185/2000 - Titolo II) costituisce il principale strumento di sostegno alla realizzazione e all'avvio di piccole attività imprenditoriali da parte di disoccupati o persone in cerca di prima occupazione.

Prevede la concessione di agevolazioni finanziarie (contributo a fondo perduto e mutuo a tasso agevolato) e di servizi di assistenza tecnica per tre tipologie di iniziative:

- lavoro autonomo (in forma di ditta individuale), con investimenti complessivi previsti fino a € 25.823;
- microimpresa (in forma di società), con investimenti complessivi previsti fino € 129.114;
- franchising (in forma di ditta individuale o di società), da realizzare con franchisor accreditati presso Invitalia, l'Agenzia nazionale per l'attrazione d'investimenti e lo sviluppo d'impresa, che gestisce l'applicazione di questa legge.

Le domande di finanziamento e tutte le successive comunicazioni devono essere indirizzate a Invitalia autoimpiego, via Pietro Boccanelli, 30 - 00138 Roma.

L'invio di comunicazioni a un indirizzo anche leggermente difforme da quello sopra indicato comporterà ritardi nella ricezione postale e quindi nella gestione dei tempi di risposta. È importante utilizzare l'intestazione 'Invitalia autoimpiego' senza trattino e qualsiasi altro segno grafico.

### Agevolazioni e finanziamenti riservati agli under 35

Dal 2012 gli under 35 hanno la possibilità di costituire una Srl semplificata (Srls), adottando la forma dell'atto costitutivo pubblico, redatto secondo il modello ministeriale (a cui non può essere apportata alcuna modifica o integrazione).

L'amministrazione della società spetta necessariamente a uno o più soci. Il capitale sociale per la costituzione della Srls, da versare integralmente in denaro, va da 1 a 9999 euro. Tra gli altri vantaggi, il fatto che l'atto costitutivo e l'iscrizione nel registro delle imprese siano esenti da onorari notarili, da imposta di bollo e da diritti di segreteria. Sono dovuti solo l'imposta di registro (meno di 200 euro), i diritti camerali (intorno ai 200 euro) e i tributi per l'apertura della partita Iva.

Grazie alle agevolazioni e ai finanziamenti riservati a chi non ha più di 35 anni, sono stati realizzati tanti progetti interessanti, per esempio, ItaliaCamp, l'acceleratore di innovazione nato per sostenere attività e progetti sociali, che, oltre a coordinare domanda e offerta, promuove ogni anno il concorso 'La tua idea per il Paese' (sul sito www.italiacamp.it si può trovare la descrizione dettagliata delle 54 idee vincitrici nel 2011 e nel 2012).
Per esempio, iFoodShare, la piattaforma online di condivisione del cibo, che mette in contatto chi vuole donare a scopi solidali il surplus (i comuni, la grande e piccola distribuzione, le aziende agricole) con chi ne ha bisogno, o ancora Orto in Tasca (www.it.ulule.com/ortointasca), l'app per trovare, nella zona in cui ci si trova, chi vende prodotti agricoli a km zero.
Quello dei giovani capaci di trasformare in imprese reali le proprie idee è un patrimonio straordinario, che può trovare sostegno anche nei finanziamenti (un miliardo di euro) stanziati dall'Europa con il programma Social Change and Innovation.

### Il Progetto Start della Regione Lombardia

Nell'ambito degli impegni assunti nell'Accordo di programma per la competitività del sistema economico lombardo, la Regione Lombardia e il Sistema delle Camere di commercio lombarde promuovono il Progetto Start (www.start.lombardia.it) con diversi obiettivi: sostenere la diffusione di una cultura imprenditoriale e la creazione di nuove attività di lavoro autonomo; combattere la disoccupazione; favorire la nascita di nuove imprese e nuove attività di lavoro autonomo attraverso la messa a punto di un 'sistema di servizi integrati a filiera' in grado di rispondere ai diversi bisogni dello start up e favorendo l'accesso a strumenti di microcredito; favorire la creazione di nuovi posti di lavoro o la stabilizzazione lavorativa di giovani under 35; supportare le Pmi lombarde che prevedono l'inserimento occupazionale o la stabilizzazione lavorativa di giovani under 35 nella propria organizzazione.
Il Progetto prevede l'erogazione di servizi reali a supporto dello start up d'impresa e di avvio di attività di lavoro autonomo, nonché la concessione

di aiuti economici per l'inserimento lavorativo di giovani under 35, attraverso due misure di intervento: supporto alla creazione d'impresa e attività di lavoro autonomo, dote a sostegno dell'occupazione giovanile.

Per informazioni, contattare lo Sportello Punto Nuova Impresa della Camera di commercio aderente al progetto della Provincia di riferimento.

### Speed MI Up

È un'iniziativa che rientra nell'accordo per il sostegno a occupazione e imprenditorialità, sottoscritto da Camera di commercio di Milano e Comune di Milano. Il consorzio Speed MI Up (www.speedmiup.it), costituito da Camera di commercio di Milano e Università Bocconi, si occupa della sua realizzazione. L'incubatore d'impresa è aperto a giovani startupper e professionisti che vogliano mettersi in proprio.
Ogni anno, attraverso un bando di partecipazione, vengono selezionati dieci start up e venti professionisti che avranno a disposizione una squadra di docenti e consulenti, pronti a fare formazione in aula e a dare consulenze personalizzate agli aspiranti imprenditori di se stessi, una lunga serie di agevolazioni commerciali e finanziarie, partner disponibili a dare un contributo per trasformare le idee in realtà di successo. Nei primi tre mesi, chi verrà scelto per trasformare in impresa la propria idea seguirà le lezioni di management. Un advisory board svolgerà attività di tutoring specificamente dedicato alle singole iniziative.
Speed MI Up farà anche da garante per i finanziamenti, l'accesso al credito sarà facilitato e chi otterrà i fondi non dovrà pagare gli interessi, ma solo restituire il capitale.

### Le obbligazioni Ubi Comunità per l'imprenditoria sociale del sistema Cgm

La sigla Cgm sta per Consorzio nazionale della cooperazione sociale Gino Mattarelli (www.ubibanca.com). Le obbligazioni in oggetto sostengono lo sviluppo dell'imprenditoria sociale nel nostro Paese e la realizzazione

di progetti che creano valore per i territori e le comunità di riferimento.
In particolare, a fronte della sottoscrizione delle obbligazioni verrà messo a disposizione uno specifico plafond, pari all'importo complessivamente sottoscritto, destinato all'erogazione di finanziamenti a medio-lungo termine a favore di consorzi, imprese e cooperative sociali associate al sistema Cgm e finalizzati a supportare la realizzazione di programmi di sviluppo (compresi progetti di aggregazione e innovazione sociale) e la creazione di occupazione.
Con oltre 45.000 cooperatori e 80 consorzi territoriali, distribuiti in tutte le regioni, che coordinano l'attività di oltre 1000 cooperative sociali e altre 140 organizzazioni non profit, il sistema Cgm rappresenta la più importante realtà italiana di imprese sociali.
Ubi Banca consente di accedere a un'ampia gamma di strumenti per far fronte, attraverso l'anticipazione di entrate e contributi, alle esigenze di liquidità corrente, anche di natura progettuale:

- anticipo da un minimo dell'80% al massimo del 100%, con un minimo di 5000 euro, del contributo 5 x mille prima dell'effettiva erogazione da parte dello Stato;
- anticipo (in attesa della conclusione del progetto e della relativa erogazione) fino all'80% dei crediti/contributi maturati, con un minimo di € 5000, delle entrate da enti pubblici ed enti privati, nonché delle entrate attese derivanti da quote associative e donazioni, per soddisfare con prontezza e flessibilità le esigenze di liquidità corrente, che si manifestano nell'ambito dell'operatività ordinaria e/o di nuove iniziative.

In alternativa alle soluzioni di anticipo entrate enti pubblici ed entrate enti privati, si può richiedere la concessione di un affidamento di conto corrente 'ordinario a revoca' di importo massimo pari a 15.000 euro, oppure di un affidamento 'dedicato a scadenza', di importo massimo pari al 60% delle entrate attese nei successivi 12 mesi.
Le anticipazioni fino a 30.000 euro vengono di norma erogate entro 7 giorni lavorativi dalla richiesta corredata dalla documentazione necessaria.

**Make a Change e il concorso per nuovi imprenditori sociali**

Il concorso 'Il più bel lavoro del mondo', promosso annualmente dall'associazione Make a Change (www.makeachange.it), si propone di ricercare nuove figure d'imprenditori sociali in Italia, supportandoli nell'avvio della loro impresa, attraverso una vasta rete di partner professionali, industriali e finanziari. Al progetto vincente Make a Change assicura un finanziamento a fondo perduto di 30.000 euro, un'assistenza professionale pro bono di 12 mesi per la fase di start up e un pacchetto di servizi bancari a condizioni vantaggiose predisposto da Banca Prossima, banca non profit del gruppo Intesa San Paolo. I progetti vincitori o finalisti delle scorse edizioni, oltre a essere interessati di per sé e magari fonte di ispirazione per qualcuno, danno l'idea del tipo di attività e finalità sociale che Make a Change intende premiare e valorizzare.

Nel 2009-2010 ha vinto il progetto 'La Locanda dei Buoni e Cattivi' del gruppo Domus de Luna di Cagliari, che punta al recupero sociale e all'inserimento lavorativo di ragazzi e madri in difficoltà. I profitti realizzati con l'attività di ristorazione e di alloggio offerti dalla Locanda vanno a sostenere le attività sociali della comunità di Domus de Luna, che accoglie ragazzi e persone bisognosi di aiuto.

Nel 2011 la giuria, composta da manager e imprenditori di successo con una riconosciuta attenzione alle tematiche sociali, ha invece premiato il progetto 'Eye Assist', un dispositivo software che elabora il movimento oculare dei pazienti affetti da patologie neurodegenerative, consentendo loro di comunicare con il mondo circostante, e che viene distribuito a costi sensibilmente inferiori rispetto ad altri attualmente disponibili.
Gli altri due progetti finalisti sono stati 'Plain Ink' e 'Birrificio Sociale'. Attraverso le storie che racconta e programmi di alfabetizzazione, Plain Ink Onlus vuole aiutare bambini e comunità ad avere accesso a strumenti concreti e conoscenze per costruire loro stessi il cambiamento che vorrebbero vedere, incoraggiandoli a trovare soluzioni a problemi locali in Italia, Afghanistan e India.

Il Birrificio Sociale nasce invece dal desiderio di sviluppare un'impresa/coop capace di autosostenersi e di creare nuove opportunità lavorative per soggetti appartenenti a categorie sociali deboli o ai margini del mercato. Il processo di produzione della birra artigianale, che consta di diverse fasi (macinazione del malto, cottura, insaporimento, fermentazione, imbottigliamento, tappatura, etichettatura, inscatolamento), consente di coinvolgere/inserire lavoratori con competenze diverse, offrendo a ciascuno di loro un ruolo/compito con cui prendere confidenza, migliorarsi e realizzarsi. Il lavoro di gruppo che si concretizza in un prodotto finito da offrire al consumatore è, soprattutto per persone socialmente deboli, motivo di grande soddisfazione oltre che di guadagno.
Finalizzato alla produzione di birre di qualità non rifermentate in bottiglia e non pastorizzate, il microbirrificio artigianale utilizza materie prime di alta qualità e il più possibile certificate. Altro punto cardine del progetto è l'attenzione, oltre che al sociale, all'ecosostenibilità del processo produttivo e all'ambiente. L'impianto di produzione vuole riutilizzare il vapore acqueo prodotto durante le 8 ore di ebollizione del malto d'orzo. Se le barriere architettoniche lo consentono, si vuole utilizzare anche un impianto di pannelli solari termici per il preriscaldamento dell'acqua prima della cottura.

Info sul sito:
http://www.makeachange.it/bel-lavoro-mondo/lavoro-piu-bello.asp
Eventuali chiarimenti si possono richiedere via e-mail:
concorso@makeachange.it

**Crowdfunding: il finanziamento collettivo di progetti innovativi**
In periodo di crisi l'accesso al credito, si sa, è un grosso problema. Oggi però ci può essere un'alternativa: il crowdfunding, una forma di finanziamento collettivo di un progetto, un'idea, una start up o un'attività no profit attraverso il web.
Tra l'altro, bisogna segnalare che il nostro Paese - per una volta tanto! - è all'avanguardia a livello internazionale per quanto concerne la sua regola-

mentazione, perché la Consob ha recentemente introdotto una normativa per il modello di crowdfunding equity-based, che consente una raccolta diffusa di capitali, cedendo quote o azioni a una rete distribuita di finanziatori, attraverso portali online.
Il regolamento per la raccolta di un capitale di rischio inferiore ai 5 milioni di euro, che si rivolge in particolare alle start up innovative caratterizzate da un forte contenuto tecnologico e dall'elevata qualità delle risorse umane impiegate, presenta alcune linee guida interessanti. L'intento della Consob è quello sia di ridurre gli oneri amministrativi, sia di garantire la massima trasparenza, facilitando l'accesso a tutta la documentazione e fornendo il maggior numero di informazioni. Sarà istituito un registro dei soggetti a cui è riservata l'attività di gestione dei portali di crowdfunding, che avranno l'obbligo di fornire agli investitori non professionali una precisa serie di informazioni.

Ecco alcune delle piattaforme che offrono informazioni dettagliate su questo metodo di raccolta fondi e uno spazio per chi vuole proporre il proprio progetto:
- Terzo Valore (www.terzovalore.com/terzovalore/banca-prossima1)
- Produzioni dal Basso (www.produzionidalbasso.com)
- SiamoSoci (www.siamosoci.com)
- ComUnity (www.bancainterprovinciale.it/com-unity/)
- Unicasim (www.unicasim.it)
- Shinynote (www.shinynote.com)

La stalla costruita con il crowdfunding fai-da-te

La Fattoria Rancina si trova a Castello Cabiaglio, sul confine settentrionale del parco Campo dei Fiori, appena sopra il Lago di Varese. Qui vivono Lino Ossuzio, sua moglie Antonella e i loro quattro figli: lavorano la terra, allevano animali, producono con metodi naturali formaggi (ottenuti dalla miscela di tre tipi di latte: vacca, capra, pecora) e carni, che vendono poi ai privati e ai Gas (gruppi di acquisto solidali) della zona.

Nel 1988, dopo aver acquistato la fattoria, gli Ossuzio sognano di costruire anche una grande stalla, con fienile e caseificio, ma il loro sogno si scontra con difficoltà economiche e familiari. Nel 2010 partecipano a un bando dell'Unione europea, sperando di poter accedere al fondo per lo sviluppo rurale. Vincono con un progetto per la nuova stalla, del valore di circa 750.000 euro, di cui la metà saranno versati dalla Ue. Al restante 50% devono provvedere loro. Si rivolgono alle banche, che però non sono disposte a concedere mutui per questo progetto.
Ma la famiglia non si arrende e trova sostegno tra parenti, amici, conoscenti, clienti e un sacerdote, che mettono in piedi una raccolta fondi con cui convincere la Banca popolare di Bergamo a erogare un prestito, chiedendo a tutti di contribuire secondo le proprie possibilità. Qualcuno concede un prestito infruttifero della durata di tre anni, altri si impegnano al preacquisto di prodotti o servizi della cascina, da ricevere 24 mesi dopo la sottoscrizione. E arriva perfino una donazione. In due mesi vengono raccolti 100.000 euro. Gli amici aiutano il progetto organizzando anche gite e scampagnate, per portare sempre più gente alla cascina, ad assaggiare e comprare gli ottimi formaggi. Così la cifra raccolta arriva quasi a 300.000 euro e finalmente iniziano i lavori per la costruzione di una struttura prefabbricata efficiente e sostenibile, che ospiterà nella stagione invernale fino a 120 pecore, 70 capre e 15 vacche. Negli altri periodi dell'anno gli animali pascoleranno liberi. Nel frattempo, la cifra raccolta ha raggiunto i fatidici 350.000 euro e il sogno degli Ossuzio si è definitvamente avverato.
Chi volesse sostenere la fattoria o acquistare i suoi ottimi formaggi, può cercare 'fattoria rancina' sul sito www.mentaerosmarino.it e/o scrivere a fattoria.rancina@gmail.com.

### Esiste anche il microcredito

Questo particolare tipo di prestito si rivolge a chi ha bisogno di una somma modesta (mediamente, 5-6000 euro, in ogni caso non più di 25.000) per avviare o espandere una microimpresa, un'attività di autoimpiego o una piccola cooperativa sociale e ha difficoltà a ottenerla da una banca tradizionale. Per riuscire ad averlo, bisogna comunque affrontare l'istruttoria dell'operatore a cui si rivolge la richiesta (piccole istituzioni, le Caritas diocesane e alcune fondazioni, bancarie e non). Spesso il modo migliore per arrivare a un esito positivo è quello di appoggiarsi alle organizzazioni presenti sul territorio (servizi comunali, associazioni di categoria, agenzie del lavoro), che segnalano il richiedente e forniscono informazioni sulla sua affidabilità.

### Social Innovation Camp

Nel 2012 alcune buone idee sono state concretamente realizzate grazie a Social Innovation Camp Milano (www.sicampmilano.org), promosso da UniCredit Foundation e ideato da The Hub Milano, in collaborazione con Wwf Lombardia, Ciessevi Milano, Avanzi e Make a Cube, e con il contributo volontario di esperti provenienti da diversi ambiti, tra cui la programmazione informatica e lo sviluppo di tecnologie digitali, la pianificazione finanziaria, la comunicazione e il marketing, il business development e il fundraising.
Social Innovation Camp è un format inglese sviluppato dalla Young Foundation, che incoraggia cittadini di qualsiasi età e professione a presentare soluzioni concrete alle problematiche sociali, culturali e ambientali, attraverso lo sviluppo e la diffusione di idee e metodologie d'intervento di alta innovazione sociale.
Le proposte dovevano essere innovative e in una fase preliminare di sviluppo, legate al web (il prodotto finale doveva essere un sito o una app per smartphone) e di forte impatto su una o più sfide di natura sociale, ambientale o culturale nel nostro Paese, preferibilmente a Milano o in Lombardia.
Queste le sei idee vincitrici.

**1.** Un'applicazione per smartphone che consente a una persona con disabilità motoria di autovalutare il grado di accessibilità del luogo in cui si trova. Risponde all'esigenza sociale di conoscere in anticipo quali sono i luoghi più idonei per le specifiche necessità del disabile: queste informazioni diventano centrali nella scelta di un bar, di un ristorante, di un museo o di un hotel. La ricaduta è quindi anche economica e tende a premiare le eccellenze, incentivando la cultura dell'accessibilità oltre il minimo stabilito dalla legge. Dall'insieme delle valutazioni espresse dagli utenti scaturiranno mappe di accessibilità di interi territori, sempre aggiornate, online, gratuite, a disposizione delle istituzioni pubbliche e delle comunità locali, senza l'ausilio di costosi consulenti ed evitando la stampa di guide, che appena distribuite sono già obsolete.

2. Una piattaforma web social geolocalizzata, finalizzata ad aggregare domande di acquisto di prodotti bio e km zero (in pratica a creare dei Gas digitali), con lo scopo di aiutare i produttori a promuovere i propri prodotti presso un più ampio numero di consumatori, rivolgendosi al proprio specifico target di clientela, di favorire la formazione di gruppi di acquisto con persone residenti nella stessa zona e con interessi di consumo simili, di creare uno spazio di segnalazione e valutazione di servizi e prodotti, gestito direttamente dai consumatori, fortemente interconnesso con le applicazioni e i social network esistenti.

3. Un'applicazione che raccoglie le informazioni certificate di utenti e aziende circa la sostenibilità di prodotti di uso comune (cioè con riferimento a ingredienti tossici/non tossici e alla sperimentazione animale). L'applicativo si suddivide in due sezioni: da un lato motore di ricerca di ingredienti del prodotto 'x' selezionato, per rilevarne la provenienza (animale/naturale/chimico...), dall'altro ricerca di prodotti naturali e cruelty free, divisi per categoria merceologica.

4. Avvicinare gli anziani al mondo della comunicazione digitale, attraverso un'applicazione per smartphone che presenta un'interfaccia semplificata e una serie di servizi utili per il mondo della terza età, come mettersi in con-

tatto con parenti e amici, ricevere e rivedere le foto dei nipotini, ricordare l'assunzione di farmaci, richiedere assistenza per emergenze (inviando la propria posizione automaticamente), farsi rintracciare in caso di smarrimento. L'interfaccia è stata studiata in modo da essere accessibile a persone con carenze visive (icone e caratteri grandi) e integrata dalla gestione a comandi vocali.

**5.** Una piattaforma per lo scambio di oggetti e capacità, allo scopo di stimolare l'integrazione tra i cittadini e diminuire lo spreco di risorse tramite il riuso. L'idea prende spunto dai garage sales americani, ampliandoli alle reti virtuali. Il servizio comprende un sito e un'applicazione mobile, dove gli utenti possono georeferenziare le loro offerte (libri, lezioni, oggetti, vestiti,...) ed esprimere richieste. Tramite un algoritmo o l'intermediazione degli utenti stessi, il servizio connette la domanda con l'offerta. Un motore di ricerca consente inoltre di esplorare ciò che ciascuna comunità locale è disposta a scambiare o riutilizzare.

**6.** Una piattaforma per facilitare l'incontro tra domanda e offerta di servizi alla persona, che permette a famiglie e collaboratrici domestiche di incrociare in maniera rapida e sicura le proprie disponibilità ed esigenze. Colf, babysitter e badanti svolgono lavori delicati, perché a loro vengono affidati figli, nonni e casa. Proprio per questo la loro reputazione è il criterio di selezione determinante, più della rapidità del contatto o dell'economicità delle prestazioni. Il sito punta a dare risposta a esigenze temporanee (colf part-time, badanti per l'estate) e improvvise (babysitter serali o malattia dei bambini).

Gli altri esempi più citati sono stati poi: fixmystreet (app per segnalare alla propria amministrazione locale di riferimento i problemi del quartiere), goodgym (organizzazione che mette in relazione chi vuole fare jogging con soggetti bisognosi a cui servono commissioni) e mypolice (applicazione che consente a ogni cittadino di fornire un feedback rapido sull'operato della polizia locale).

Il concorso per donne intraprendenti

Nel 2011, Vodafone e il settimanale 'Donna Moderna' hanno lanciato il concorso 'Progetto Donne e Lavoro': in palio 100.000 euro per finanziare ciascuna delle tre idee migliori - una fattoria-doposcuola, un sito per aspiranti imprenditrici, una cooperativa per aiutare le donne disoccupate a reinventarsi un futuro - che hanno potuto così diventare realtà.

La cooperativa Praticare il futuro (www.praticareilfuturo.wordpress.com), di Sandra Cangemi, Giuliana Piccolo, Loredana Mercadante e Agnese Losurdo, ha sede in una cascina con aia, porticato, orto e animali, nel verde di San Giuliano Milanese, a pochi chilometri dal centro del capoluogo lombardo (ci arriva anche la metropolitana). Qui si organizzano l'agriscuola per l'infanzia, il doposcuola per gli under 14, i campi vacanza, le gite didattiche, le feste di compleanno, i corsi speciali per genitori e figli (economia domestica, consigli per affrontare la crisi, permacoltura), gli incontri per vivere meglio in famiglia e tante altre attività, tutte ispirate al rispetto per l'ambiente (laboratori di falegnameria o di cucina per i ragazzini, cura degli asinelli e degli altri animali per imparare l'arte della calma, ecc.).

Angela Micocci di Torino e Roberta Rollo di Lecce, amiche, ex compagne di università ed esperte di informatica, hanno invece ideato SpazioD (www.spaziod.com), il portale che promuove l'imprenditoria femminile, che dà voce e forza alle professioniste. Le iscritte possono aprire a costo zero un negozio virtuale, per vendere i loro prodotti, oppure offrire servizi, come wedding planner, dog sitter, parrucchiera a domicilio, babysitter, colf, e mettersi in contatto con i clienti. C'è anche un'area 'Salotto', per scambiarsi consigli, e un angolo che raccoglie leggi, notizie pratiche e bandi di concorso.

Nelle riunioni serali via Skype le due socie mettono a punto nuove idee e progetti (traduzione del portale in inglese, spagnolo e rumeno, app per smartphone e tablet...).

Babylab (www.coopbabylab.it), la cooperativa creata da Caterina Caccioppoli con Eva Guarnaccia a San Sebastiano al Vesuvio, in provincia di Napoli, offre un centro ricreativo per i più piccoli, percorsi genitoriali, seminari e corsi di formazione per aiutare le donne che vivono in condizioni disagiate a reinserirsi nel mondo del lavoro. In venti hanno frequentato il corso di operatrici per l'infanzia e lei ha assunto le migliori, che sono così diventate le 'supertate' di Babylab: organizzano feste di compleanno, laboratori, gite ed escursioni, svariate attività ricreative, dalla lettura alla pittura. Finalmente un raggio di sole, un po' di allegria e speranza, in un quartiere dimenticato, dove non mancano le situazioni critiche.

*Se questo libro ti ha aiutato a trovare un'idea che sei riuscito (o che ti appresti) a realizzare, e vuoi condividerla con me, mi farà davvero molto piacere, perché lo scopo del mio lavoro è proprio quello di dare spunti e informazioni che possano stimolare il lettore a guardare al futuro con un po' di ottimismo ed entusiasmo, ad 'accendere una lampadina' e trovare una soluzione... Puoi dunque inviarmi un'email all'indirizzo minventounlavoro@rededizioni.it*

*Le esperienze più significative, originali, interessanti verranno poi riportate nella versione ebook di* M'invento un lavoro *(di prossima pubblicazione) e contribuiranno a loro volta a incoraggiare chi ha deciso di mettersi in gioco.*

*Giulia Settimo*

# Indice